Martin Buber im Gespräch
mit Gott und den Menschen

# Martin Buber

# im Gespräch mit Gott und den Menschen

*Erinnerungen*

Herausgegeben von
Eleonore Beck und Gabriele Miller

benno

Bibliografische Information Der Deutschen Bibliothek
Die Deutsche Bibliothek verzeichnet diese Publikation in der Deutschen Nationalbibliografie; detaillierte bibliografische Daten sind im Internet über http://dnb.ddb.de abrufbar.

ISBN 3-7462-1607-9


Umschlaggestaltung: Ulrike Vetter, Leipzig, unter Verwendung eines Fotos von Jeanson (L), ullstein-bild, Berlin
Gesamtherstellung: Kontext, Lemsel

# Inhalt

# Einführung

Martin Buber wäre im Februar 2003 125 Jahre alt geworden. Das ist der Anlass, uns des Mannes wieder zu erinnern, dem wir viel verdanken; den wir aus der Nähe zu kennen das Glück hatten. Das kleine Bändchen soll dazu beitragen, die Erinnerung an diesen Mann wachzuhalten, der zu den Deutern und Wegweisern unserer Zeit gehört. Martin Buber war einer, der sich den Fragen stellt – nicht in der Sicherheit dessen, der vorgefertigte Antworten, fixierte Ziele anzubieten hat, der von vornherein weiß, wie es „ausgehen" muss. Buber geht den Weg des Suchens mit; er wirbt um Vertrauen auf den, der die Geschicke und Geschichten kennt. Er wirbt um das Vertrauen auch des Menschen, der trotz aller Irrung und Fehler – in Bubers Lebenszeit mangelt es nicht an Beispielen – die Möglichkeit hat, Du zu sagen und Du zu werden.

Martin Buber dachte und schrieb nicht für sich selbst. Das Wort ist ihm Medium – das gedruckte ebenso wie das gesprochene. Es ging ihm nicht nur um Erkenntnis von Wahrheit, um die Erforschung und Auflistung von Einsichten Früherer, sondern mehr noch: um Weitergabe im Gespräch mit den Heutigen.

Buber wusste sich keiner „Schule“ verpflichtet; er war an keine „Methode“ gebunden; dies wird an seiner Art des Umgangs mit biblischen Texten besonders deutlich. Redlich mühte er sich: „mit ganzem Herzen, ganzer Seele und all seinen Kräften“ dem Wort zu dienen.

Eine Sammlung seiner Werke, deren Herausgabe er selbst verantwortet hat, umfasst drei Bände, von denen jeder über tausend Seiten zählt. Die Gesamtliste seiner Publikationen ist jedoch wesentlich umfangreicher. Dazu kommt seine (mit Franz Rosenzweig begonnene) Übersetzung der Schrift (des „Alten Testaments“, wie wir üblicherweise sagen).

Die Texte, die wir im folgenden zusammengestellt haben, sollen das ihre tun, damit das Gespräch nicht verstummt. Zeichenhaft für solches Bemühen war uns die Spontaneität, mit der Teddy Kollek, Major of Jerusalem, reagierte, als wir ihn um das Knüpfen eines neuen Kontakts mit Martin Bubers Familie gebeten haben.

Dadurch war uns ein eindrucksvolles langes Gespräch mit Professor Dr. Judith Buber-Agassi, einer der Enkelinnen von Martin Buber, ermöglicht. Ihr verdanken wir ergänzende Hinweise und nicht zuletzt die Freigabe der Abdruckrechte – „damit das Gespräch nicht verstummt“.

# I. Der Weg ist zum Gehen: Biographisches

## *Eine Momentaufnahme*

*„Er sitzt vor mir – klein und schmächtig, zurückgelehnt im Sessel, das weiße Haar des Hauptes gelichtet, schütter der helle Bart, kantig modelliert das Gesicht, hager die Arme, die Beine übereinandergeschlagen; aus wachen Augen unter buschigen Brauen hervor blickt er mich an. Es ist kein bloßes Hersehen zu mir, es ist ein Anblicken. Er fasst mich ins Auge, er hat mich im Blick. Sehr gegenwärtig erwirkt er meine Gegenwart. Eine Anwesenheit kommt zustande, bei der das Beieinander sich spannt zum Zueinander." (So F. Stier bei einem Vortrag in der Akademie Bad Boll am 16. April 1960.)*

*Wer Martin Buber kannte, erkennt ihn in diesen Sätzen des Tübinger Alttestamentlers Fridolin Stier wieder – unverwechselbar: ihn, der das Wesen des Menschen mit dem Wort „dialogisch" definiert und des Lebens Ziel und Sinn mit dem Wort „Beziehung". Und das nicht nur im Blick auf „die anderen"; er selber sucht den Dialog, er lässt sich auf Beziehung ein.*

## *Stationen auf dem Lebensweg*

Martin Mordechai Buber ist am 8. Februar 1878 in Wien geboren. Dreijährig kommt er, als Vater und Mutter sich trennen, in das Haus seiner Großeltern in Lemberg. Der Großvater, Salomon Buber, war in mehr als einer Hinsicht bemerkenswert: Besitzer großer Ländereien und Phosphorgruben, Getreidehändler, ein in der bürgerlichen wie in der Synagogengemeinde engagierter Mann, der – wohl weil seine Frau Adele die Geschäfte umsichtig und ertragreich führen konnte – die Zeit fand, sich dem Studium und der Veröffentlichung der Midraschim zu widmen, der Schriften, die als Frucht rabbinischer Exegese überliefert werden.

Als Vierzehnjähriger kommt Martin Buber in das Haus seines (wieder verheirateten) nach Lemberg zurückgekehrten Vaters. Dort lernte er die polnische Sprache, die ihm sein Leben lang vertraut blieb. Nach Abschluss der Schule, in der er – ihrer christlichen Grundorientierung wegen – nicht heimisch hatte werden können, beginnt er an der Universität Wien sein Studium. Dort, in Leipzig, Zürich und Berlin erwirbt er sich die Grundlagen einer breit gefächerten philosophisch ausgerichteten Bildung.

Als Zwanzigjähriger beginnt sich Buber in der von Theodor Herzl[1] initiierten „zionistischen Bewegung" zu engagieren, vor allem in den Jahren 1889-1904. Doch anders als Herzl, der den Plan verfolgte, dem jüdischen Volk politische Unabhängigkeit zu verschaffen, alle jüdischen Gruppierungen im Land der Väter als Volk zu einen („politischer Zionismus"), hält Buber mehr zu jener Minderheit, der es um die Erneuerung des Judentums aus den Kräften seines Ursprungs ging („Kulturzionismus"). Dennoch blieb er Mitglied der zionistischen Vereinigung bis zu seinem Tod.

In seinen frühen Jahren arbeitet Martin Buber als Übersetzer und Herausgeber, er publiziert Aufsätze und Bücher. Und vor allem: Er spricht zu und mit jungen Leuten und Erwachsenen, vermittelt Orientierung und Lebensmaß.

Zum Gedenken an Martin Buber schrieb Eugen Biser im November seines Todesjahres: „Anders als ähnlich vielseitige Denker lässt er sich nicht ohne weiteres in die verschiedenen Aspekte seines Schaffens aufgliedern. Denn Buber ist, was er ist, in einem jeden seiner Beiträge ganz: Philosoph, als erblicke er in der Philosophie das Hauptgeschäft seines Lebens; Philolog, als stehe er ausschließlich im Dienst am Wort: Erzieher und Politiker, als gehöre seine ganze Kraft der Bildung des Menschen und dem Aufbau einer dauerhaften Friedenserziehung.[2]

Im Jahr 1925 nimmt Martin Buber zusammen mit Franz Rosenzweig den alten Plan auf, für die jüdische Gemeinschaft in den deutschsprachigen Ländern eine neue Übersetzung der Schrift zu schaffen. Die Arbeit an der „Verdeutschung der Schrift" – von Rosenzweig zunächst nur als „Luther-Revision" gedacht – beginnt. Ein Werk, das Buber nach Rosenzweigs Tod im Jahr 1929 allein weiterführt und erst 1962 abschließt.

Von 1923 an hat Martin Buber einen Lehrauftrag und eine Professur für Religionswissenschaft an der Universität Frankfurt/Main. Am Tag nach der „Machtergreifung" durch Hitler (1933) wird ihm per Brief vom Rektor der Universität mitgeteilt, er brauche nicht mehr zu kommen. Daraufhin widmet Buber bis zu seiner endgültigen Emigration im Jahre 1938 seine ganze Kraft der Erwachsenenbildung der in Deutschland noch verbliebenen Juden. Sie mussten unter dem wachsenden Druck erst lernen, ihre jüdische Identität zu finden. Vor 1933 waren sie zwar Juden, aber Juden, die sich als Deutsche fühlten. Diese wesentliche Kulturarbeit mag manchem das Rückgrat gestärkt und Überlebenshilfe gegeben haben.

Wichtig für diese Arbeit waren auch die bis 1938 im Haus Schocken, einem jüdischen Verlag in Berlin, publizierten Aufsätze Bubers. Der Schocken-Verlag hatte auch die ersten Ergebnisse der Schriftübersetzung von Buber-Rosenzweig herausgebracht.

Mit der ganzen Familie ausgewandert, wurde Martin Buber im März 1938 an die hebräische Universität in Jerusalem berufen. Da ihm Hebräisch von Kindheit an geläufig war, stellten sich ihm, als er die Professur für Sozialphilosophie übernahm, keine Sprachprobleme. Er lehrte und veröffentlichte von 1938 bis zu seinem Tod vieles in hebräischer Sprache. In den sechziger Jahren erschienen in Jerusalem auch manche seiner im Ausland publizierten Werke in Hebräisch, von ihm oder mit ihm zusammen übersetzt.

Als in den Jahren nach 1948 große Einwanderungswellen das Land der Bibel überfluteten, war Bubers Wirkung groß: als Lehrer des Judentums, wie vor 1938 in der Erwachsenenbildung der Juden in Deutschland. Dennoch hatte er im „eigenen Land“ und beim „eigenen Volk“ auch Schwierigkeiten. Das mag mit dem ihm eigenen Inbild vom „eigentlich Jüdischen“ zusammenhängen, es hatte aber auch – im weitesten Sinn – politische Gründe. Vor allem zwei wichtige Gruppen in Israel hatten Probleme mit Martin Buber. Da waren einmal die orthodoxen Kreise, die ihm vorhielten, das Gesetz nicht treu zu achten, und zum anderen jene, die Bubers Haltung in der Araberfrage kritisierten.

Dennoch hat man ihn gegen Ende seines Lebens ein wenig zum „Monument“ gemacht. Buber-Texte

stehen heute in israelischen Schulbüchern; sie finden sich aber auch in arabischen.
Nach Kriegsende wird Buber Mittler und Partner des jüdisch-christlichen Dialogs. Und er wird Wegbereiter der Versöhnung. Trotz allem, was seinem Volk angetan worden ist, verleugnet er seine Bindung an die deutsche Sprache und die deutsche Kultur nicht. Er kommt weder mit Forderungen noch mit Vorwürfen und hat so Einsicht und Umkehrbereitschaft geweckt wie kein anderer. Als sich der Hegner-Verlag - in der Nachfolge von Schocken – bereit findet, die Herausgabe der „Verdeutschung der Schrift" zu übernehmen, bringt Buber die mit Rosenzweig begonnene Bibelübersetzung zum Abschluss (1962 erscheint der letzte Band).
Er verbringt in den späten Nachkriegsjahren zusammen mit seiner Frau Paula[3] alljährlich mehrere Wochen oder gar Monate in Deutschland, wohl auch um jener Bibliotheken willen, die den Krieg unzerstört überdauert haben. Spuren dieser Reisen lassen sich im dritten Band „Briefwechsel aus sieben Jahrzehnten"[4] nachzeichnen. Die drei Bände, die Bubers Briefwechsel dokumentieren (runde zweitausend Seiten dick), zeigen auf ihre Weise, was es heißt, ein Leben im Dialog zu leben. Bis zu seiner Staroperation (1964) schrieb er Briefe an seine Freunde von Hand in seiner schönen schwungvollen Schrift.

Martin Buber wurde vielfach geehrt, seine Schriften wurden in mehr als ein Dutzend Sprachen übersetzt. Im Jahr 1953 erhielt Buber den Friedenspreis des Deutschen Buchhandels. Das Jahr 1963 brachte ihm die große Ehre der Verleihung des Erasmus-Preises in Amsterdam. In seiner Rede bekannte Buber noch einmal seinen Glauben an ein unzerstörbares Humanum. Wenige Wochen vor seinem Tod wurde Martin Buber Ehrenbürger der Stadt Jerusalem – eine selten vergebene Auszeichnung.

Die beiden letztgenannten Ehrungen hat Paula Buber nicht mehr miterlebt. Von einer langen Europareise musste Martin Buber im Jahr 1958 allein nach Jerusalem zurückkehren. Paula Buber starb in Venedig. Sie liegt dort auf dem Jüdischen Friedhof begraben.

In den letzten Jahren seines Lebens gelingt Martin Buber nicht nur die Vollendung seiner Verdeutschung der Schrift. Er besorgt auch – in immenser Konzentration –, von Krankheit geplagt, selber eine dreiteilige Ausgabe seiner Werke (Verlag Lambert Schneider und Kösel-Verlag 1962-1964).

Am 13. Juni 1965 stirbt Martin Buber in Jerusalem. „Das würdige Begräbnis zeigte, dass Israel den nonkonformistischen Mann des Geistes trotz aller Meinungsverschiedenheiten doch tief verehrte."

## *Schlaglichter*

In den fünfziger Jahren konnte man Martin Buber – zusammen mit seiner Frau Paula – in Tübingens Straßen und Gassen begegnen. Man konnte beobachten, wie die beiden – lebenslange Vertrautheit ausstrahlend – neugierig vor dem oder jenem Schaufenster standen, um das Angebot der verschiedenen Arten von Würzessenzen zu prüfen. Man konnte miterleben, wie der Gelehrte mit der Freude eines Jungen die vielfältigen Möglichkeiten eines Taschenmessers erprobte. Man konnte von ihm erfahren, wo man in Frankfurt oder in Zürich am besten Koffer kauft (Bubers pflegten davon mehrere mit sich zu führen; auf den Bahnsteigen waren sie untrüglich an der Vielzahl der sorgfältig gezählten Gepäckstücke zu erkennen), und man konnte lernen, wie man Geschenke, Mitbringsel und Neuerwerbungen dem Vorhandenen so beimengt, dass kein Zöllner der Welt an ihrer Zugehörigkeit zur lebensnotwendigen Habe ins Zweifeln kommt.

In jenen Jahren begegneten sich Martin Buber und Fridolin Stier, der viel Jüngere dem hochverehrt Älteren – doch beide in gleicher Weise der Bibel verfallene Übersetzer. Gespräche kamen in Gang. Nicht Austausch von Meinungen „über“, nicht Vortrag von Argumenten, die dieser oder jener ge-

lehrte Fachmann zu Papier gebracht hatte. Streit entbrannte, Wörter wurden vorgenommen, angehört, abgeklopft, hin und her gewendet.
Gespräche, die nie unter Zeitdruck standen – so etwa eine an mehreren Tagen immer wieder aufkommende Diskussion über das „Zwiebelblümchen“, das in der Scharon-Ebene blüht. Ist es vielleicht mit den in der Bergpredigt (Mt 6,28) genannten „Lilien auf dem Feld“ identisch?
Den beiden Männern ging es um die Sache, für die kein Termin, kein Erfolgszwang gilt. Nichts muss „fertig“ werden, ehe es „stimmt“. Gespräche, wie sie nur unter Du-Sagern möglich sind.
Fridolin Stier frage einmal Paula Buber: „Wie ist er denn, der Martin, wenn er tagelang das gesuchte Wort nicht findet?“ – „Unausstehlich!“, sagte sie. „Aber manchmal weckt er mich dann mitten in der Nacht: ‚Paula, ich hab’s!‘“
Zu den letzt-übersetzten Büchern der Schrift gehörten das Buch Ijob und die Psalmen (Preisungen). Die Buber-Enkelin Judith erinnert sich an Sommerwanderungen in den Dolomiten. Es ging über Stock und Stein. Der Großvater hatte dick ausgebeulte Taschen. Auf der einen Seite ein Wörterbuch, aus der Tasche der andern quollen Druckfahnen. Sobald man irgendwo saß, fing der Großvater an, irgendeinen Psalm vorzulesen, wieder zu lesen. Und Großmutter Paula saß daneben

und hörte kritisch zu, wie sich anhörte, was sie vorgelesen bekam. Und weiter gings bis zur nächsten Felsscharte, bis zum nächsten Psalm ...
Vor der Gründung des Staates Israel (1948) lebte die Familie Buber in einem meist von Arabern bewohnten Viertel Jerusalems. Bubers erzählten gern von ihren arabischen Nachbarn und den freundschaftlichen Beziehungen zu ihnen. Als in den unruhigen Zeiten der „Umzug" Hals über Kopf geschehen musste, war an die Schränke voll Bücher nicht zu denken. Was aber macht ein Gelehrter ohne sein Handwerkszeug! Und was würde wohl inzwischen mit den Büchern des Juden im Haus des Arabers geschehen? Bis es der Enkelin Martin Bubers gelang, während eines kurzfristigen Waffenstillstands einen Lastwagen zu chartern, hatte der Sohn des arabischen Hauses die 18.000 Bücher wohl behütet.
Noch ein Jahr vor seinem Tod hat Martin Buber mit dem Ministerpräsidenten Levi Eschkol einen Briefwechsel geführt, um das Araberproblem einer Lösung zuzuführen.
Besuch bei Martin Buber um die Jahreswende 1960/61 in seinem Arbeitszimmer in Jerusalem. Der kleine Mann hinter seinem Schreibtisch hört sich mit Interesse die Reiseerlebnisse seiner aus Galiläa kommenden Gäste an. Die Reise damals führte durch vier Länder, vom Libanon nach Syrien, nach Jordanien und schließlich nach Israel,

und jede Grenze durfte nur einmal überschritten werden. Der direkten alten Straße von Norden nach Sünden standen Grenzpfähle im Weg. In eine Gesprächspause hinein sagt Buber, der Jude, zu seinen christlichen Gästen: „Sie kommen von Nazaret nach Jerusalem und konnten auf Seinen Wegen nicht gehen ..."

Daten und Jahreszahlen, Erfolgsmeldungen und Schicksalsschläge sagen Äußeres über den Verlauf eines Menschenlebens. Das Reden „über" den Beredeten mag sich an sie halten. In der Begegnung erst – so es Begegnung ist – erschließt sich ein Teil des Wesens, der im günstigen Fall breit genug ist, um auf anderes schließen zu können, damit das Ganze der Person erfahrbar wird. Im Selbstzeugnis stellt sich der Sprechende dem, der ihn hört; nimmt der Schreibende den Dialog auf mit seinen Lesern, der über das Geschriebensein hinausreicht.

## *Wegmarken*

### Paula Winkler über Martin Buber

Um jene Zeit trat mir der Zionismus zum erstenmal anders als episodisch näher. Es tagte der dritte Kongress in Basel. – Da geschah mir, dass ein Menschenmund mit wunderbarer Gewalt zu mir sprach.

Es war zuweilen, wie wenn ein Kind schüchtern redete, stockend, zart, bange, ob es Widerhall fände. Und dann und wann überzog die scheue Röte einer unberührten Seele das Antlitz dieses Menschen. Es war so, dass mir das Herz stille stand, rührend und heilig. Und dann war es wieder, als spräche er mit ehernen Zungen, als brausten alle Glocken der Welt über mich hin. Es war kein einzelner Mensch mehr, urgewaltig zogen die ungeheure Sehnsucht, Wunsch und Wille eines ganzen Volkes wie mit Stromesgewalt daher.

*Betrachtungen einer Philozionistin*[5]

## Martin Buber an Paula Winkler

Erst als Du zu mir kamst, habe ich meine Seele gefunden. Und wenn meine Seele bedrängt ist von jener Stunde ab und in Ketten geschlagen, – ist nicht ein armes Kind, nach dem der Tod langt, unendlich mehr als aller Traum? Und wenn meine Seele unfruchtbar bleiben sollte bis an das Ende, – bin ich so nicht unendlich mehr als der Golem, über dem das Wort nicht gesprochen war? Denn ehe Du zu mir kamst, war ich dieses: Traum und Golem. Als ich Dich aber fand, da fand ich meine Seele. Du kamst und gabst mir meine Seele. Ist nicht meine Seele so: Dein Kind? Und so wirst Du es lieben müssen ...

*„Für Dich" 1902*[6]

## Martin Buber an Salomon und Adele Buber

Ich empfinde Großpapas Geburtstag gegenüber ein Gefühl von Weihe. Ich habe, seit ich von zu Hause fort bin, viele Geistesmenschen kennen gelernt: Künstler, Dichter und Männer der Wissenschaft. Aber niemals wieder habe ich die kindliche Wunderkraft des Geistes, die Macht eines starken und einfachen Strebens so rein und schön verkörpert gesehen wie bei Großpapa, niemals wieder ist mir ein Forscher und Gedankenarbeiter so liebenswürdig erschienen (ich meine: so wert der großen Liebe) ...

Dass mir Deine lebendige Güte, lieber Großvater, die mir so oft Trost und Freude und Festigkeit verliehen hat, lange, lange erhalten bleibe, ist eine glühende Hoffnung meines Herzens. Die Unermüdlicheit und Einheitlichkeit Deines Schaffens hat mich oft von dem schlimmen Wege der Zersplitterung zu mir selbst zurückgeführt, ein nahes und unmittelbar wirkendes Beispiel. Darin und in vielen anderen Dingen bin ich Dir unsagbar dankbar. Ich kann Dir meine Dankbarkeit und meine Liebe nicht besser bezeigen, als wenn ich – auf meinen Gebieten – Deiner Art nacheifere und mein Leben, wie Du, in den Dienst des jüdischen Volkes stelle. Du hast aus der Geistesarbeit der jüdischen Vergangenheit Schätze geholt und verwertet; mir

Jungem, der nach der Tat noch mehr als nach der Erkenntnis verlangt, schwebt es vor, an der jüdischen Zukunft mitzuarbeiten und mitzuschaffen. Aber uns beide beherrscht der Geist des ewigen Volkes, und in diesem Sinne kann ich wohl sagen, dass ich Dein Lebenswerk fortsetzen will.
Mögest Du, mein lieber Großvater, viel schöne und ruhevolle Freude erfahren: Freude an dem Gelingen Deines Tuns, ... Freude an dem lebendigen Judentum, das zu neuer Kraft und Herrlichkeit erwacht; Freude an dem Wirken der getreuen Söhne des Judentums und auch an dem meinen. Ich grüße und küsse Dich und die liebe Großmama in herzlicher Liebe und bin in Wahrheit Euer, Euer treuer Enkel.

*Charlottenburg, 31.1.1900*[7]

## Eine Bekehrung

In jüngeren Jahren war mir das „Religiöse“ die Ausnahme. Es gab Stunden, die aus dem Gang der Dinge herausgenommen wurden. Die feste Schale des Alltags wurde irgendwoher durchlöchert. Da versagte die zuverlässige Stetigkeit der Erscheinungen; der Überfall, der geschah, sprengte ihr Gesetz. Die „religiöse Erfahrung“ war die Erfahrung einer Andersheit, die in den Zusammenhang des Lebens nicht einstand ...

Die Unrechtmäßigkeit einer solchen Aufteilung des auf Tod und Ewigkeit zuströmenden Zeitlebens, das sich ihnen gegenüber nicht anders erfüllen kann, als wenn es eben seine Zeitlichkeit erfüllt, ist mir durch ein Ereignis des Alltags aufgegangen, ein richtendes Ereignis, richtend mit jenem Spruch geschlossener Lippen und unbewegten Blicks, wie ihn der gängige Gang der Dinge zu fällen liebt. Es ereignete sich nichts weiter, als dass ich einmal, an einem Vormittag nach einem Morgen „religiöser" Begeisterung, den Besuch eines unbekannten jungen Mannes empfing, ohne mit der Seele dabei zu sein. Ich ließ es durchaus nicht an einem freundlichen Entgegenkommen fehlen, ich behandelte ihn nicht nachlässiger als alle seine Altersgenossen, die mich um diese Tageszeit wie ein Orakel, das mit sich reden lässt, aufzusuchen pflegten, ich unterhielt mich mit ihm aufmerksam und freimütig – und unterließ nur, die Fragen zu erraten, die er nicht stellte. Diese Fragen habe ich später, nicht lange darauf, von einem seiner Freunde – er selber lebte schon nicht mehr (er fiel zu Anfang des ersten Weltkrieges) – ihrem wesentlichen Gehalt nach erfahren, erfahren, dass er nicht beiläufig, sondern schicksalhaft zu mir gekommen war, nicht um Plauderei, sondern um Entscheidung, gerade zu mir, gerade in dieser Stunde. Was erwarten wir, wenn wir verzweifeln und doch noch zu einem Menschen gehen? Wohl eine Gegenwärtigkeit, durch die uns gesagt wird, dass es ihn dennoch gibt, den Sinn.

Seither habe ich jenes „Religiöse", das nichts als Ausnahme ist, Herausnahme, Heraustritt, Ekstasis, aufgegeben oder es hat mich aufgegeben. Ich besitze nichts mehr als den Alltag, aus dem ich nie genommen werde. Das Geheimnis tut sich nicht mehr auf, es hat sich entzogen oder es hat hier Wohnung genommen, wo sich alles begibt, wie es sich begibt. Ich kenne keine Fülle mehr als die jeder sterblichen Stunde an Anspruch und Verantwortung. Weit entfernt davon, ihr gewachsen zu sein, weiß ich doch, dass ich im Anspruch angenommen werde und nicht in der Verantwortung antworten darf, und weiß, wer spricht und Antwort heischt.

Viel mehr weiß ich nicht. Wenn das Religion ist, so ist sie einfach alles, das schlichte gelebte Alles in seiner Möglichkeit der Zwiesprache ...

*Begegnung, S. 58-60*

## Wo zwei wahrhaft beisammen sind

... Hier aber saß schon der alte Mann[8] an seinem Schreibtisch. Unmittelbar an den Gruß knüpfte er die Frage, was ich da in der Hand hätte, und als ich es ihm sagte, frage er weiter, ob ich ihm nicht vor-

lesen wolle. Ich tat es gern. Er hörte freundlich, aber offenbar erstaunt, ja mit wachsendem Befremden zu. Als ich zu Ende war, sagte er zögernd, dann, von dem gewichtigen Anliegen hingerissen, immer leidenschaftlicher: „Wie bringen Sie das fertig, so Mal um Mal ‚Gott' zu sagen? Wie können Sie erwarten, dass Ihre Leser das Wort in der Bedeutung aufnehmen, in der Sie es aufgenommen wissen wollen? Was Sie damit meinen, ist doch über alles menschliche Greifen und Begreifen erhoben, eben dieses Erhobensein meinen Sie; aber indem Sie es aussprechen, werfen Sie es dem menschlichen Zugriff hin. Welches Wort der Menschensprache ist so missbraucht, so befleckt, so geschändet worden wie dieses! All das schuldlose Blut, das um es vergossen wurde, hat ihm seinen Glanz geraubt. All die Ungerechtigkeit, die zu decken es herhalten musste, hat ihm sein Gepräge verwischt. Wenn ich das Höchste ‚Gott' nennen höre, kommt mir das zuweilen wie eine Lästerung vor."
Die kindlich klaren Augen flammten. Die Stimme selber flammte. Dann saßen wir eine Weile schweigend einander gegenüber. Die Stube lag in der fließenden Helle des Frühmorgens. Mir war es, als zöge aus dem Licht eine Kraft in mich ein. Was ich nun entgegnete, kann ich heute nicht wiedergeben, nur noch andeuten.
„Ja", sagte ich etwa, „es ist das beladenste aller

Menschenworte. Keines ist so besudelt, so zerfetzt worden. Gerade deshalb darf ich darauf nicht verzichten. Die Geschlechter der Menschen haben die Last ihres geängstigten Lebens auf dieses Wort gewälzt und es zu Boden gedrückt; es liegt im Staub und trägt ihrer aller Last. Die Geschlechter der Menschen mit ihren Religionsparteiungen haben das Wort zerrissen; sie haben dafür getötet und sind dafür gestorben; es trägt ihrer aller Fingerspur und ihrer aller Blut. Wo fände ich ein Wort, das ihm gliche, um das Höchste zu bezeichnen! Nähme ich den reinsten, funkelndsten Begriff aus der innersten Schatzkammer der Philosophen, ich könnte darin doch nur ein unverbindliches Gedankenbild einfangen, nicht aber die Gegenwart dessen, den ich meine, dessen, den die Geschlechter der Menschen mit ihrem ungeheuren Leben und Sterben verehrt und erniedrigt haben. Ihn meine ich ja, ihn, den die höllengepeinigten, himmelstürmenden Geschlechter der Menschen mit ihrem ungeheuren Leben und Sterben verehrt und erniedrigt haben. Ihn meine ich ja, ihn, den die höllengepeinigten, himmelstürmenden Geschlechter der Menschen meinen. Gewiss, sie zeichnen Fratzen und schreiben ‚Gott' darunter; sie morden einander und sagen ‚in Gottes Namen'. Aber wenn aller Wahn und Trug zerfällt, wenn sie ihm gegenüberstehen im einsamsten Dunkel und nicht mehr ‚Er, er‘ sagen, sondern ‚Du, du‘ seufzen, ‚Du‘schreien, sie alle das Eine, und wenn sie dann hinzufügen ‚Gott‘, ist es nicht der wirkliche Gott, den sie alle anrufen, der Eine Lebendige, der Gott der Menschenkinder? Ist nicht er es, der sie *hört*? Der sie – erhört? Und ist nicht eben dadurch das Wort ‚Gott‘, das Wort des Anrufs, das zum *Namen* gewordene Wort, in allen Menschensprachen geweiht für alle Zeiten? Wir müssen die achten, die es verpönen, weil sie sich gegen das Unrecht und den Unfug auflehnen, die sich so gern auf die Ermächtigung durch ‚Gott‘ berufen; aber wir dürfen es nicht preisgeben. Wie gut lässt es sich verstehen, dass manche vorschlagen, eine Zeit über von den ‚letzten Dingen‘ zu schweigen, damit die missbrauchten Worte erlöst werden! Aber so sind sie nicht zu erlösen. Wir können das Wort ‚Gott‘ nicht reinwaschen, und wir können es nicht ganz machen; aber wir können es, befleckt und zerfetzt wie es ist, vom Boden erheben und aufrichten über einer Stunde großer Sorge.“ Es war sehr helle geworden in der Stube. Das Licht floss nicht mehr, es war da. Der alte Mann stand auf, kam auf mich zu, legte mir die Hand auf die Schulter und sprach: „Wir wollen uns Du sagen.“ Das Gespräch war vollendet. Denn wo zwei wahrhaft beisammen sind, sind sie es im Namen Gottes.

*Begegnung, S. 67-70*

Ich traf einst auf einer Reise mit einem Mann zusammen, den ich schon von einer früheren Begegnung her kannte ... Als ich ihn wiedersah, fügte es sich, dass wir in ein Gespräch über biblische Fragen gerieten, und zwar nicht über periphere, sondern über zentrale, über zentrale Glaubensfragen. Ich weiß nicht mehr genau, in welchem Zusammenhang wir auf jenen Abschnitt des Samuelbuches zu sprechen kamen, in dem erzählt wird, wie Samuel König Saul die Botschaft Gottes überbringt, die dynastische Herrschaft werde ihm entzogen, unter anderem deshalb, weil er den besiegten Amalekiterfürsten am Leben ließ. Ich berichtete meinem Gesprächspartner, wie furchtbar es mir schon in meiner Knabenzeit gewesen ist, diese als Botschaft Gottes erscheinenden Worte zu lesen (und mein Herz nötigte mich, sie immer wieder zu lesen oder auch nur daran zu denken, dass dies in der Schrift geschrieben steht); wie grauenerregend es mir schon damals war, zu lesen oder zu erinnern, wie der heidnische König, mit dem Spruch auf den Lippen „Sei's drum, schon wich des Todes Bitterkeit" auf den Propheten zugeht, um von ihm zerhauen zu werden. Ich sagte zu meinem Partner: „Ich habe es nie glauben können, dass dies eine Botschaft Gottes sei. Ich glaube es nicht."

Unter gerunzelter Stirn und zusammengezogenen Brauen flammte der Blick des Mannes, der mir gegenüber saß, mir in die Augen. Er schwieg, setzte zur Rede an, schwieg wieder. „So?“ brachte er endlich hervor, „so? Also das glauben Sie nicht?“ „Nein”, antwortete ich, „ich glaube es nicht.“ „So, so? Sie glauben es nicht?”, wiederholte er fast drohend. Und ich noch einmal: „Nein.“ „Was ... was ...,“ – er stieß das Wort Mal um Mal vor sich her – „was glauben Sie also?“ „Ich glaube”, sagte ich, ohne zu überlegen, dass Samuel Gott missverstanden hat.“ Und er, wieder langsam, aber leiser als bisher: „So? Das glauben Sie?“ Und ich: „Ja.“ Dann schwiegen wir beide. Nun aber begab sich etwas, dessengleichen ich vorher und nachher in diesem meinem langen Leben nur selten gesehen habe. Das zornige Gesicht mir gegenüber wandelte sich, wie wenn eine Hand beschwichtigend drüber gefahren wäre. Es erhellte sich, klärte sich, war nun hell und klar mir zugewandt. „Nun“, sagte der Mann mit einer geradezu sanften Deutlichkeit, „das meine ich auch.“ Und wieder schwiegen wir beide, eine gute Weile lang.

*Begegnung, S. 71-73*[9]

### Bücher und Menschen

Wenn man mich in meiner frühen Jugend gefragt hätte, ob ich es vorziehen würde, nur mit Menschen oder nur mit Büchern zu verkehren, hätte ich mich gewiss zugunsten der letzteren ausgesprochen. Später hat sich das mehr und mehr geändert. Nicht als hätte ich so viel bessere Erfahrungen mit Menschen als mit Büchern gemacht – im Gegenteil, rein erfreuliche Bücher kommen mir immer noch weit öfter als rein erfreuliche Menschen in den Weg –, aber die vielen schlechten Erfahrungen mit Menschen haben mein Lebensmark genährt, wie es das edelste Buch nicht vermöchte, und die guten haben mir die Erde zum Garten gemacht. Wogegen kein Buch für mich mehr zu tun vermag, als mich in ein Paradies der hohen Geister zu entrücken, wo mein innerstes Herz nie vergisst, dass ich drin nicht lange bleiben darf, aber auch nicht einmal wünschen kann, dass ich es dürfte. Denn (ich muss es geradeheraus sagen, um verstanden zu werden) mein innerstes Herz liebt die Welt mehr als den Geist. Wohl bin ich dem Leben mit der Welt nicht so gewachsen, wie ich es möchte, ich versage immer wieder im Umgang mit ihr, ich bleibe ihr immer wieder von dem schuldig, was sie von mir erwartet, und zwar zum Teil deshalb, weil ich dem Geist so verhaftet bin. Verhaftet bin ich ihm gewissermaßen wie mir selber, aber ich liebe ihn nicht eigentlich, ebenso wie mich selber, aber ich liebe ihn nicht eigentlich, ebenso wie ich mich nicht eigentlich liebe. Eigentlich liebe ich nicht den hier, der mich mit seiner Himmelspratze gepackt hat und festhält, sondern sie da drüben, die doch immer wieder zu mir herantritt und mir ein paar Finger reicht, die „Welt“. Beide haben sie Gaben zu verteilen. Er spendet mir sein Manna, die Bücher, sie hat ein Braunbrot für mich bereit, an dessen Rinde ich mir die Zähne ausbeiße und dessen ich nie satt werde, die Menschen ...

Es gibt eine untrügliche Probe. Denk dich nur in einen Ursprung hinein, wo du allein wärst, ganz allein auf Erden, und du könntest eines von beiden bekommen, Bücher oder Menschen. Wohl höre ich manchen seine Einsamkeit preisen, aber das bringt er nur fertig, weil es eben doch die Menschen auf der Welt gibt, wenn auch in räumlicher Ferne. Ich habe nichts von Büchern gewusst, als ich dem Schoß meiner Mutter entsprang, und ich will ohne Bücher sterben, eine Menschenhand in der meinen. Jetzt freilich schließe ich zuweilen die Tür meiner Stube und ergebe mich einem Buch, aber nur, weil ich die Tür wieder öffnen kann, und ein Mensch blickt zu mir auf.

*Begegnung, S. 88 90*

### Einsicht

Seit ich die Arbeit am chassidischen Schrifttum begonnen habe, ist es mir um die Lehre und den Weg zu tun. Aber damals meinte ich, das sei etwas, was man auch bloß betrachten könne und dürfe; seither habe ich erfahren, dass die Lehre zum Lernen und der Weg zum Gehen ist. Je tiefer ich es erfuhr, um so mehr ist mir diese Arbeit, an der ich mein Leben maß und vermaß, zur Frage, zum Leid und doch auch zum Trost geworden.

*1924*[10]

### An Gott glauben

Wenn an Gott glauben ... bedeutet, von ihm in der dritten Person reden zu können, glaube ich nicht an Gott. Wenn an ihn glauben bedeutet, zu ihm reden zu können, glaube ich an Gott.

*Begegnung, S. 56*

# II. Die Lehre ist zum Lernen: Chassidisches

## *Hinwege*

*Chassidismus (vom hebräischen Wort chassid, der „Fromme") ist der Sammelbegriff für eine charismatische Bewegung im Judentum, die zu verschiedenen Zeiten und an verschiedenen Orten aufflammte. Allemal geht es um besondere Frömmigkeit, gottgemäßes Leben. Im Zusammenhang mit den Schriften Martin Bubers ist jene charismatische Bewegung gemeint, die seit der Mitte des 18. Jahrhunderts in den osteuropäischen Ländern die jüdischen Menschen erfasste.*

*Als Gründer gilt Israel ben Elieser, genannt „Baalschem-tow" (Herr des guten Namens), ein charismatischer Lehrer, ein Heiler, dem das Volk Vertrauen schenkt, um den sich Schüler sammeln. Er hinterlässt keine geschriebene Weisung. Sein Wort, das als wirksam Erfahrene, wird in Schülerkreisen weitergegeben. Sie münzen das ihnen Zugesprochene in Leben um, machen eigene Erfahrungen – jeder auf seine Weise – und schreiben auf, was sie „gelernt" haben.*

*Mittelpunkt chassidischer Gemeinschaft und Sammlung ist der Zaddik (der Gerechte, der Vollkommene,*

*der Mann Gottes). Um ihn sammeln sich Lernwillige; zu ihm kommen Bedrängte; Geschichten werden erzählt. Es bilden sich Überlieferungen, die sich oft im Nachhinein an den Namen eines verehrten Zaddik heften. Mit dem Erzählen der Geschichten breitet sich auch die chassidische Bewegung aus.*
*Es ist wahr, dass die unbedingte Bindung an die Person den Missbrauch geistlicher Autorität nicht ausschließt, dass es zu persönlicher Bereicherung, zu Konkurrenz- und Machtkämpfen zwischen einzelnen Lehrern und ihren Schulen kommt. Ebenso wahr ist aber, dass in diesen Kreisen der Funke sprüht, an dem sich die Welt- und Gottesliebe vieler entzündet – heute noch.*

## Betroffen

*Ein Wort des Baal-schem-tow traf Martin Buber eines Tages mit bekehrender Gewalt. Den Überlieferungen, die um ihn, seine Schüler und Schülersschüler wuchsen, widmet er Jahre; in wachsendem Maße erfährt er seine „eingeborene innere Verbindung mit der chassidischen Wahrheit": der Jünger wird zum Verkünder, später zum Sendling im fremden Sprachbereich. Es galt, im amorphen Gewirr des Überlieferten das Wahre aus der Mengung mit Falschem, das Lebendige aus Totem, den Funken aus der Asche zu scheiden, um dem chassidischen Geist Sprache und*

*Gestalt einer „Botschaft an den abendländischen Menschen“ zu bereiten.*

Fridolin Stier[11]

## Überwältigt

Und ich las – las, erst immer wieder von spröder, ungestalter Materie abgestoßen, allmählich die Fremdheit überwindend, das Eigene entdeckend, das Selbst anschauend, mit wachsender Andacht. Bis ich eines Tages ein Büchlein aufschlug, das „Zewaath Ribesch“ – das ist: das Vermächtnis des Rabbi Israel Baalschem – betitelt war und die Worte mir entgegenblitzten: „Er ergreife die Eigenschaft des Eifers gar sehr. Er erhebe sich im Eifer von seinem Schlaf, denn er ist geheiligt und ein anderer Mensch geworden und ist würdig zu zeugen und ist worden nach der Eigenschaft des Heiligen, gesegnet sei Er, als er Welten erzeugte.“ Da war es, dass ich, im Neu überwältigt, die chassidische Seele erfuhr. Urjüdisches ging mir auf, im Dunkel des Exils zu neubewusster Äußerung aufgeblüht: die Gottesebenbildlichkeit des Menschen als Tat, als Werben, als Aufgabe gefasst. Und dieses Urjüdische war ein Urmenschliches, der Gehalt menschlichster Religiosität. Das Judentum als Religiosität, als „Frömmigkeit“, als Chassiduth ging mir da auf. Das Bild aus meiner Kindheit, die Erinnerung an den Zaddik und seine Gemeinde stieg empor und leuchtete mir: ich erkannte die Idee des vollkommenen Menschen. Zugleich wurde ich des Berufs inne, sie der Welt zu verkünden.

Erst aber kam die Zeit des Studiums. Ich zog mich, sechsundzwanzigjährig, für fünf Jahre von der Tätigkeit in der zionistischen Bewegung, vom Artikelschreiben und Redenhalten, in die Stille zurück, ich sammelte, nicht ohne Mühe, das verstreute, zum Teil verschollene Schrifttum, und ich versenkte mich darein, Geheimnisland um Geheimnisland entdeckend.

*Mein Weg zum Chassidismus*[12]

## Der ganze Mensch

In der Tat ist der Chassidismus, auf seine Theorie hin betrachtet, ein erlauchtes Epigonentum. Aber auf das persönliche Leben seiner Führer hin betrachtet, wie wir es aus der beispiellosen Fülle von Aufzeichnungen ihrer Jünger, nach Ausscheidung des lediglich Legendären, zu rekonstruieren vermögen, bedeutet es das Aufbrechen einer mächtigen Ursprünglichkeit gläubigen Lebens, dem wir in der Religionsgeschichte nur sehr Weniges an die Seite zu stellen vermögen ...

Wo hätte es je eine Erweckungsbewegung von solcher über sieben Generationen sich erstreckenden

Mächtigkeit der individuellen Lebensführung und des gemeindlichen Enthusiasmus gegeben? Vergleichen lässt sich, soweit ich sehe, jenem Teil des chassidischen Schrifttums, der vom Leben der Meister erzählt, nur das des Zen-Buddhismus und das des Sufismus (kaum das des Franziskanertums); aber in keiner von diesen Bewegungen finden wir eine Dauerstärke der Vitalität und eine Umfassung des menschlichen Alltags wie hier. Und dazu kommt, dass hier und nur hier es nicht das Leben von Mönchen ist, das berichtet wird, sondern das Leben von verehelichten, kinderzeugenden geistigen Führern, die an der Spitze von aus Familien zusammengesetzten Gemeinden stehen. Hier wie dort herrscht die Hingabe an das Göttliche und die Heiligung des gelebten Lebens durch diese Hingabe; aber dort wurde sie von einer asketischen Einschränkung der Existenz getragen, auch wo ein helfender und lehrender Umgang mit dem Volk gewahrt wird, im Chassidismus aber erstreckt sich die Heiligung grundsätzlich auf das natürliche und gesellschaftliche Leben. Hier allein tritt der ganze Mensch, wie Gott ihn erschaffen hat, in die Heiligung ein.

*Chassidismus*[13]

## Zur Überwindung der Gottesfinsternis[14]

Ich habe gewählt, was ich gewählt habe, vielmehr: ich habe es durch mein Herz wie durch ein Sieb gehen lassen, weil hier ein Weg ist, ein nur eben zu ahnender, aber ein Weg. Ich habe das Mal um Mal mit einer, wie mir scheint, hinreichenden Deutlichkeit ausgesprochen, wann immer ich in diesem Zusammenhang von mir zu reden hatte.
Dass ich dahin missverstanden werden konnte, es gehe mir letztlich, wie etwa Fichte, um „ein Tun um seiner selbst willen", habe ich nicht vorausgesehen. Es schien mir klar genug, dass es mir um ein Tun um der Wiederherstellung der Unmittelbarkeit zwischen Gott und Mensch willen, um die Überwindung der Gottesfinsternis geht.
Darum hat sich die Selektion notwendigerweise auf die zu Unrecht verachteten „Anekdoten" – Geschichten von gelebtem Leben – und „Aphorismen" – Sprüche, in denen sich gelebtes Leben dokumentiert – gerichtet.
Die „Anekdoten" erzählen vom Leben der Zaddikim, und die „Aphorismen", die dem Mund von Zaddikim abgelauscht sind, sprechen den Sinn dieses ihres Lebens mit großer Prägnanz aus.

*Chassidismus*[15]

## Vom wahren Zaddik

Jeder Mensch hat eine unendliche Sphäre der Verantwortung, der Verantwortung vor dem Unendlichen. Er bewegt sich, er redet, er blickt, und jede seiner Bewegungen, jedes seiner Worte, jeder seiner Blicke schlägt Wellen ins Geschehen der Welt; er vermag nicht zu erkennen, wie starke und wie weithin reichende. Jeder Mensch bestimmt mit all seinem Sein und Tun das Schicksal der Welt in einem ihm und allen unkenntlichen Maße; denn die Ursächlichkeit, die wir wahrnehmen können, ist ja nur ein winziger Ausschnitt aus dem unausdenklich vielfältigen unsichtbaren Wirken aller auf alle. So ist jede Menschenhandlung ein Gefäß der unendlichen Verantwortung. Aber es gibt Menschen, an die die unendliche Verantwortung in einer besonderen, besonders aktiven Form allstündlich herantritt. Ich meine nicht die Herrscher und Staatsmänner, die das äußere Geschick großer Gemeinwesen zu bestimmen haben; umfänglich ist der Kreis ihrer Wirkung, aber um wirken zu können, wenden sie sich von dem einzelnen, ungeheuer bedrohten Leben, das sie mit tausendfältiger Frage anblickt, dem Allgemeinen zu, das sie blicklos dünkt. Ich meine jene, die dem tausendfältig fragenden Blick des einzelnen Lebens standhalten, die dem zitternden Mund der bedürftigen Kreatur, der Mal um Mal von ihnen Entscheidung heischt, getreulich Antwort geben; ich meine die Zaddikim, ich meine den wahren Zaddik. Das ist der Mensch, der die Tiefe der Verantwortung allstündlich mit dem Senkblei seines Wortes misst. Er spricht – und weiß, dass seine Rede Schicksal ist. Er hat nicht über Länder und Völker zu entscheiden, sondern immer wieder nur über den kleinen und großen Gang eines einzelnen, so endlichen und doch so unbegrenzten Lebens. Die Menschen kommen zu ihm, und jeder begehrt seinen Ausspruch, seine Hilfe. Und mögen es auch leibliche und halbleibliche Nöte sein, die sie ihm zuführen, in seiner Welteinsicht besteht nichts Leibliches, das nicht verklärt, besteht kein Stoff, der nicht zum Geist erhoben werden kann. Und dies ist es, was er an allen tut: *er erhebt ihre Not, ehe er sie stillt.* So ist er der Helfer im Geist, der Lehrer des Weltsinns, der Führer zu den göttlichen Funken. Um ihn, um den vollkommenen Menschen, um den wahrhaften Helfer ist es der Welt zu tun; ihm harrt sie entgegen, harrt sie immer wieder entgegen.

*Mein Weg zum Chassidismus*[16]

## *Unterweisung im Umgang mit Gott*

### Vom Glauben

Warum sprechen wir: „Unser Gott und Gott unserer Väter!“? Es gibt zwei Gattungen von Menschen, die an Gott glauben. Der eine glaubt, weil es ihm von seinen Vätern überliefert ist; und sein Glaube ist stark. Der andre ist durch das Forschen zum Glauben gekommen. Und dies ist der Unterschied zwischen ihnen: Des ersten Vorzug ist, dass sein Glaube nicht erschüttert werden kann, wie vielen Widerspruch man auch vorbringen mag, denn sein Glaube ist fest, weil er von den Vätern übernommen ward; aber ein Mangel haftet daran: dass sein Glaube nur ein Menschengebot ist, erlernt ohne Sinn und Verstand. Des zweiten Vorzug ist, dass er, weil er Gott durch großes Forschen fand, zum eignen Glauben gelangt ist; aber auch an ihm haftet ein Mangel: dass es ein Leichtes ist, seinen Glauben durch widerstreitenden Beweis zu erschüttern. Wer jedoch beides vereinigt, dem ist einer überlegen. Darum sprechen wir: „Unser Gott“, unsrer Forschung halber, und „Gott unsrer Väter“ um unsrer Überlieferung willen. Und so auch ist gedeutet worden, dass wir sprechen: „Gott Abrahams, Gott Isaaks und Gott Jakobs“, nicht aber sprechen wir: „Gott Abrahams, Isaaks und Jakobs“

– damit ist gesagt: Isaak und Jakob stützten sich nicht auf Abrahams Überlieferung allein, sondern selber suchten sie das Göttliche.

*Baal-schem-tow*[17]

## Vom Eifer

Der Mensch ergreife die Eigenschaft des Eifers gar sehr. Er erhebe sich im Eifer von seinem Schlaf, denn er ist geheiligt und ein andrer worden und ist würdig zu zeugen und ist worden nach der Eigenschaft Gottes des Heiligen, da er seine Welt zeugte.

*Baal-schem-tow*[17]

„Alles, was du zu tun vermögend bist, tu es mit deiner Kraft!“ Das ist: binde die Tat an die Kraft des Gedankens. Wie von Henoch erzählt wird, er sei ein Flickschuster gewesen und habe mit jedem Stich seiner Ahle, der das Oberleder an die Sohle nähte, den heiligen Gott mit der einwohnenden Herrlichkeit verbunden.

*Baal-schem-tow*[17]

Durch eine verkehrte Demut kann einer sich vom Dienste Gottes entfernen: wenn er vor Selbsterniedrigung nicht glaubt, dass der Mensch durch Gebet und Lehre die Fülle über alle Welten herabbringt und die Engel selber sich von seinem Lernen und Beten nähren. Glaubte er daran, wie würde er da Gott dienen in großer Furcht und Freude, und jeder Bewegung und jedes Wortes achten, nach der rechten Weise zu reden und zu tun!

Der Mensch soll seinen Sinn darauf richten, dass er eine Leiter ist, gestellt auf die Erde und ihr Haupt an den Himmel rührend, und alle seine Gebärden und Geschäfte und Reden ziehen Spuren in der oberen Welt.

*Baal-schem-tow*[17]

## Vom Dienen

Der Mensch soll Gott mit seiner ganzen Kraft dienen, denn alles ist not. Denn Gott will, dass man ihm auf alle Arten diene.

Und dies ist gemeint:

Wenn einer zuweilen sich ergeht und mit den Leuten sich unterredet, und zu der Zeit vermag er nicht zu lernen, da soll er an Gott haften und mit seiner Seele die Namen Gottes einen; und wenn einer sich auf eine Reise begibt und vermag alsdann nicht nach seinem Brauch zu beten, da soll er Gott auf andere Arten dienen. Und er gräme sich darob nicht, denn Gott will, dass man ihm auf alle Arten diene, zu Zeiten auf diese, zu andern auf jene Weise, und deswegen hat er ihm bestimmt,

auf eine Reise zu gehen oder mit den Leuten zu reden, damit er auch diesen Dienst vollziehe.
Dies ist das Geheimnis der Einheit Gottes, dass ich, an welchem Ort ich ein Endchen ihrer erfasse, die ganze fasse. Und da die Lehre und alle Gebote Strahlungen seines Wesens sind, so hält, wer ein Gebot bis auf den Grund in Liebe erfüllt und in diesem Gebot ein Endchen der Einheit Gottes erfasst, die ganze in seiner Hand, als hätte er alles erfüllt.

*Baal-schem-tow*[17]

## Vom Lieben

Es gibt zwei Arten der Liebe. Der eine liebt das Tun und Reden seines klugen Sohns und rühmt sich seiner, dass er Kluges tue und rede; der andre liebt seinen Sohn selber, was er auch reden und tun mag. So ist es mit der Liebe Gottes zum Menschen. Wenn ein bewährter Mann Gebote und gute Werke in großer Weisheit erfüllt, da liebt Gott sein Tun und ist all seinem Tun gegenwärtig, und so wird die Äußerlichkeit der Welten an Gott gebunden. Wenn aber der Bewährte selber an Gott hangt, dann liebt Gott ihn selber, ob er auch seine Werke nicht in Weisheit vollbringt, sondern in großer Einfalt wandelt und Gott anhangt; eben darum liebt ihn Gott. Und so wird die Innerlichkeit der Welten zu Gott erhoben.

*Baal-schem-tow*[18]

## Auf Gott hin

Der Mensch soll alle Dinge der Welt mit all seinem Denken, Reden, Handeln einen, auf Gott zu, in Wahrheit und Einfalt. Denn kein Ding der Welt ist außerhalb der Einheit Gottes gesetzt. Wer aber ein Ding anders als auf Gott zu tut, trennt es von Ihm.

*Baal-schem-tow*[19]

## Mit ganzer Kraft

Sprich nicht in deinem Herzen, du seist größer als dein Gefährte, weil du Gott mit Inbrunst dienst. Du bist nicht anders als alle Geschöpfe, die zum Dienst Gottes geschaffen wurden. Und womit wärst du angesehener als ein Wurm? Dient er doch dem Schöpfer mit seiner ganzen Einsicht und Kraft!

Geschieht es dir, dass du eine Sünde siehst oder von einer vernimmst, suche deinen Anteil an dieser Sünde auf und strebe dich zurechtzuschaffen. Dann wird auch jener Böse umkehren. Du musst ihn nur mit umfassen nach dem Sinn der Einheit, denn alle sind ein Mensch.

*Baal-schem-tow*[20]

## *Geschichten zum Leben*

### Erzählen

Man bat einen Rabbi, dessen Großvater ein Schüler des Baalschem gewesen war, eine Geschichte zu erzählen. „Eine Geschichte“, sagte er, „soll man so erzählen, dass sie selber Hilfe sei.“ Und er erzählte: „Mein Großvater war lahm. Einmal bat man ihn, eine Geschichte von seinem Lehrer zu erzählen. Da erzählte er, wie der heilige Baalschem beim Beten zu hüpfen und zu tanzen pflegte. Mein Großvater stand und erzählte, und die Erzählung riss ihn so hin, dass er hüpfend und tanzend zeigen musste, wie der Meister es gemacht hatte. Von der Stunde an war er geheilt. So soll man Geschichten erzählen.“

*Erzählungen der Chassidim*[21]

### Wesen des Dienstes

Rabbi Baruch, der Enkel des Baalschem, erzählte: „Man hat einmal meinen Großvater, den Baal-schem-tow, gefragt: ‚Was ist das Wesen des Dienstes? Wir wissen ja, dass in früheren Jahren ‚Männer der Tat‘ gelebt haben, die von einem Sabbat bis zum anderen fasteten. Ihr aber habt dies aufgehoben, indem Ihr sagtet, wer sich kasteit, habe Rechenschaft abzulegen als ein Sünder, weil er seine Seele gepeinigt hat. So erklärt uns doch, was ist das Wesen des Dienstes?' Der Baalschemtow antwortete: ,Ich bin auf diese Welt gekommen, um einen anderen Weg zu zeigen, dass nämlich der Mensch sehe, diese drei Dinge sich zu erwerben: Liebe zu Gott, Liebe zu Israel und Liebe zur Lehre – und man braucht sich nicht zu kasteien.'"

*Erzählungen der Chassidim*[22]

## Bei den Sündern

Der Baalschem sprach: „Ich lasse die Sünder mir nahe kommen, wenn sie nicht hochmütig sind; ich halte mir die Lehrkundigen und Sündenfreien fern, wenn sie hochmütig sind. Denn der Sünder, der weiß, dass er es ist, und sich daher in seinem Sinn niedrig hält, Gott ist bei ihm, der ja ,mit ihnen inmitten ihrer Makel wohnt'. Wer sich aber etwas darauf zugute tut, dass er keine Sündenlast zu tragen habe, von dem spricht Gott, wie es in der Gemara heißt: ,Ich und er haben nicht Raum in der Welt.'"

*Baal-schem-tow*[23]

## Beten

Der Baalschem blieb einst an der Schwelle eines Bethauses stehen und weigerte sich, es zu betreten. „Ich kann nicht hinein“, sagte er, „es ist ja von Wand zu Wand und vom Boden zur Decke übervoll der Lehre und des Gebets, wo wäre da noch Raum für mich?“ Und als er merkte, dass die Umstehenden ihn anstarrten, ohne ihn zu verstehen, fügte er hinzu: „Die Worte, die über die Lippen der Lehrer und Beter gehen und kamen nicht aus einem auf den Himmel ausgerichteten Herzen, steigen nicht zur Höhe auf, sondern füllen das Haus von Wand zu Wand und vom Boden zur Decke.“

*Baal-schem-tow*[24]

## Böse durch Einsamkeit

Den Satz in den Vätersprüchen: „Sei nicht böse vor dir selber (das heißt, wähne dich nie unerlösbar)“ legte Rabbi Baruch so aus: „Jeder Mensch ist berufen, etwas in der Welt zur Vollendung zu bringen. Eines jeden bedarf die Welt. Aber es gibt Menschen, die sitzen beständig in ihren Kammern eingeschlossen und lernen und treten nicht aus dem Haus, sich mit andern zu unterreden; deswegen werden sie böse genannt. Denn wenn sie sich mit den andern unterredeten, würden sie etwas von dem ihnen Zugewiesenen zur Vollendung bringen. Dies bedeutet es: sei nicht böse ‚vor dir selber‘; gemeint ist: damit, dass du vor dir selber verweilst und nicht zu den Menschen ausgehst; sei nicht böse durch Einsamkeit."

*Baruch von Mesbiz*[25]

## Das grosse Werk

Rabbi Baruch sprach: „Nicht das war das große Werk Elias, dass er Wunder tat, sondern dass, als das Feuer vom Himmel fiel, das Volk nicht vom Wunder redete, sondern alle riefen: ‚Der Herr ist Gott!'"

*Baruch von Mesbiz*[26]

## Das Versteckspiel

Rabbi Baruchs Enkel, der Knabe Jechiel, spielte einst mit einem anderen Knaben Verstecken. Er verbarg sich gut und wartete, dass ihn sein Gefährte suche. Als er lange gewartet hatte, kam er aus dem Versteck; aber der andere war nirgends zu sehen. Nun merkte Jechiel, dass jener ihn von Anfang an nicht gesucht hatte. Darüber musste er weinen, kam weinend in die Stube seines Großvaters gelaufen und beklagte sich über den bösen Spielgenossen. Da flossen Rabbi Baruch die Augen über, und er sagte: „So spricht Gott auch: ‚Ich verberge mich, aber keiner will mich suchen.'"

*Baruch von Mesbiz*[27]

## Gottes Vaterschaft

Der Maggid von Mesritsch sprach zu dem Schriftvers: „Da du von dort den Herrn deinen Gott suchen wirst, wirst du ihn finden“: „Der Mensch muss zu Gott schreien und ihn Vater nennen, bis er sein Vater wird.“

*Dow Bär von Mesritsch*[28]

## Das Lied der Frösche

Nach dem Tod des großen Maggids saßen die Schüler beisammen und erzählten sich von seinen Taten. Als die Reihe an Rabbi Schnëur Salman kam, fragte er: „Wisst ihr, warum unser Lehrer an jedem Morgen um Sonnenaufgang zum Teich hinausging und ein weniges daran verweilte, ehe er heimkehrte?“ Sie wussten es nicht. „Er lernte“, sagte er, „das Lied, mit dem die Frösche Gott lobpreisen. Es dauert sehr lange, bis man dieses Lied erlernt.“

*Dow Bär von Mesritsch*[29]

## Das Eine

Man redete einmal vor Rabbi Pinchas von dem großen Elend der Bedürftigen. In Gram versunken hörte er zu. Dann hob er den Kopf. „Lasst uns“, rief er, „Gott in die Welt ziehn, und alles wird gestillt sein.“

*Pinchas von Korez*[30]

## Mehr lieben

Rabbi Pinchas und seine Schüler pflegten, wenn von bösen und feindlich gesinnten Menschen die Rede war, sich auf den Rat zu berufen, den der Baalschem einst dem Vater eines Abgefallenen gegeben hatte: er solle seinen Sohn mehr lieben. „Wenn du siehst“, sagten sie, „dass einer dich hasst und dir Leid zufügt, sollst du dich stark machen und ihn mehr lieben als zuvor. Dadurch allein kannst du ihn zur Umkehr bringen ...“
Rabbi Schmuel erzählte von Rabbi Rafael von Berschad: „Auf einer Reise im Sommer rief er mich, ich solle mich in seinen Wagen setzen. Ich sagte: ‚Ich fürchte, ich könnte es Euch eng machen.‘ Da sagte er zu mir in einer Weise besonderer Zuneigung: ‚Lasst uns einander mehr lieben, dann wird uns weit sein.‘ Und nachdem wir gebetet hatten, sagte er zu mir: ‚Gott ist ein großer Freund‘.
Rabbi Pinchas sprach: „Auch für die Bösen unter den Völkern der Welt sollen wir beten, auch sie sollen wir lieben. Solang wir nicht so beten, solang wir nicht so lieben, wird Messias nicht kommen.“

*Pinchas von Korez*[31]

## Das härene Hemd

Zu einem seiner Gottesfurcht und seiner strengen Bußübungen wegen bekannten Mann, Rabbi Judel, sagte einst der Maggid von Zloczow, als jener ihn besuchte: „Judel, du trägst ein härenes Hemd am Leibe. Wenn du kein Jähzorniger wärst, brauchtest du's nicht. Und da du ein Jähzorniger bist, nützt es dir nichts."

*Jechiel Michal von Zloczow*[32]

## Das Erlernte

Als Levi Jizchak von seiner ersten Fahrt zu Rabbi Schmelke von Nikolsburg, die er gegen den Willen seines Schwiegervaters unternommen hatte, zu diesem heimkehrte, herrschte er ihn an: „Nun, was hast du schon bei ihm erlernt?!" „Ich habe erlernt", antwortete Levi Jizchak, „dass es einen Shöpfer der Welt gibt." Der Alte rief einen Diener herbei und fragte den: „Ist es dir bekannt, dass es einen Schöpfer der Welt gibt?" „Ja", sagte der Diener. „Freilich", rief Levi Jizchak. „Alle sagen es, aber erlernen sie es auch?"

*Levi Jizchak von Berditschew*[33]

## Das Tauschgeschäft

Rabbi Levi Jizchak sprach einmal mitten im Gebet: „Herr der ganzen Welt, du bist einst mit deinem Thoralein herumgelaufen und hast es feilgeboten wie faule Äpfelchen und hast es nicht anbringen können – wer hat dich auch nur angucken wollen? Und dann haben wir es dir abgenommen. Darum will ich mit dir ein Tauschgeschäft machen. Wir haben einen Haufen Sünder und Missetäter, und du hast eine Fülle von Vergebung und Sühne. So wollen wir miteinander tauschen. Aber vielleicht meinst du: gleich gegen gleich? Nein! Hätten wir keine Sünden, was fingest du mit deiner Vergebung an? Darum musst du uns noch Leben, Kinder und Nahrung draufgeben."

*Levi Jizchak von Berditschew*[34]

## Der heisere Vorbeter

In der Gemeinde Rabbi Levi Jizchaks war ein Vorbeter heiser geworden. Er fragte ihn: „Wie kommt es, dass Ihr heiser seid?" „Das ist", antwortete er, „weil ich vor dem Pult gebetet habe." „Ganz recht", sagte der Rabbi, „wenn man vor dem Pult betet, wird man heiser; aber wenn man vor dem lebendigen Gott betet, wird man nicht heiser."

*Levi Jizchak von Berditschew*[35]

## Der törichte Beter

Am Anfang des Versöhnungstags sagte der Berditschewer zu einem von seinen Chassidim: „Ich weiß, um was du an diesem Tag gebetet hast. Am Vorabend batest du, Gott möge dir die tausend Rubel, die du im Jahr brauchst und im Jahr verdienst, auf einmal zu Anfang des Jahres geben, damit dich die Mühen und Sorgen des Geschäfts nicht vom Lernen und Beten ablenken. Aber am Morgen hast du dich bedacht, du würdest gewiss, wenn du tausend Rubel beisammen hättest, ein neues großes Geschäft damit unternehmen, und wärest nun erst recht davon beansprucht; so batest du, je die Hälfte des Geldes zweimal im Jahr zu bekommen. Und vorm Schlussgebet schien dir auch das bedenklich, und zogst vierteljährliche Zahlung vor, um nur ja ungestört lernen und beten zu können. Aber warum meinst du, dass man im Himmel dein Lernen und Beten braucht? Vielleicht braucht man gerade dein Mühn und Kopfverdrehn!"

*Levi Jizchak von Berditschew*[36]

## Neidisch

Der Berditschewer ging einst auf der Straße auf einen Mann zu, der ein hohes Amt innehatte und ebenso böse wie mächtig war, fasste ihn am Saum seines Rocks und sprach zu ihm: „Herr, ich beneide dich. Wenn du zu Gott umkehrst, wird aus jedem deiner Flecken ein Lichtstrahl werden, und du wirst ganz zu Licht gedeihen. Herr, ich beneide dich um dein großes Leuchten."

*Levi Jizchak von Berditschew*[37]

## Der Eilige

Der Berditschewer sah einen auf der Straße eilen, ohne rechts und links zu schauen. „Warum rennst du so?" fragte er ihn. „Ich gehe meinem Erwerb nach", antwortete der Mann. „Und woher weiß du", fuhr der Rabbi fort zu fragen, „dein Erwerb laufe vor dir her, dass du ihm nachjagen musst? Vielleicht ist er dir im Rücken, und du brauchst nur innezuhalten, um ihm zu begegnen, du aber fliehst vor ihm."

*Levi Jizchak von Berditschew*[38]

## Auf dem Markt

Der Berditschewer war einst auf dem großen Markt und sah das Menschengewimmel, wo jeder von der Sucht seines Erwerbs besessen war. Da bestieg er das Dach eines Hauses und schrie hinunter: „Ihr Leute, ihr vergesst, Gott zu fürchten!"

*Levi Jizchak von Berditschew*[39]

## Das Lied „Du“

Der Berditschewer pflegte ein Lied zu singen, in dem es heißt:

„Wo ich gehe – du!
Wo ich stehe – du!
Nur du, wieder du, immer du!
Du, du, du!
Ergeht's mir gut – du!
Wenn's weh mir tut – du!
Du, du, du!
Himmel – du, Erde – du,
oben – du, unten – du.
Wohin ich mich wende, an jedem Ende
nur du, wieder du, immer du!
Du, du, Du!“

*Levi Jizchak von Berditschew*[40]

# III. Das Ich ist zum DU: Dialogisches

## *Grund-Sätze*

*Man muss Buber selbst gegenübergestanden, sein von den Runen unzähliger Bitternisse gezeichnetes und doch von verstehender Güte durchleuchtetes Patriarchengesicht erblickt und die aus dem Schacht seiner Innerlichkeit aufklingende Stimme vernommen haben, wenn man begreifen will, ... woher jene klare, milde Helligkeit stammt, die jedesmal entsteht, wenn er sprechend seine Zuhörer ins Einvernehmen mit sich zieht. Wem aber dies einmal aufging, dem ist außer Frage, dass Buber sich in erster Linie dem Menschen zugewiesen und damit sich als Erzieher versteht, so sehr, dass Menschsein für ihn schließlich geradezu „das gegenüber seiende Wesen Sein" bedeutet. Und was daran am erstaunlichsten ist: dass Buber diese kommunikative Ausstrahlung nicht nur hat, sondern auch um sie weiß, ohne dass die hohe Gunst an diesem Wissen verginge.*

Eugen Biser[41]

## Du-Sagen

Er war klein; kein auffallender Mann, wenn nicht durch seinen Bart. Wer ihm begegnete, wurde seines Wesens inne, sobald er ihm in die Augen sah. Augen, denen man nicht ausweichen konnte und auch nicht wollte. Er war einer, der nicht nur über das Du schreiben konnte, er konnte Du sagen und er sage es: Du Mensch, Du Tier, Du Welt, Du Gott – Wenn er sich einem Menschen zuwandte, war er gesammelt; ganz Aufmerksamkeit. Er konnte mit einem kleinen Jungen ebenso ernsthaft über eine fremdländische Briefmarke diskutieren wie mit einem Studenten über eine lebensentscheidende Frage. Mit derselben ungeteilten Aufmerksamkeit beriet er sich mit seiner Frau über die Farbe eines Kleidungsstücks für eine Urenkelin, wie er mit dem Fachkollegen die Bedeutung eines Wortes der Bibel abwog.
Martin Buber sagte Du – und wer ihm begegnete, lernte von ihm, ob er wollte oder nicht.

## Wiege des wirklichen Lebens

Stehe ich einem Menschen als meinem Du gegenüber, spreche das Grundwort Ich-Du zu ihm, ist er kein Ding unter Dingen und nicht aus Dingen bestehend ...

Wie die Melodie nicht aus Tönen sich zusammensetzt, der Vers nicht aus Wörtern und die Bildsäule nicht aus Linien, man muss dran zerren und reißen, bis man die Einheit zur Vielheit zubereitet hat, so der Mensch, zu dem ich Du sage. Ich kann die Farbe seiner Haare oder die Farbe seiner Rede oder die Farbe seiner Güte aus ihm holen, ich muss es immer wieder; aber schon ist er nicht mehr Du ... Den Menschen, zu dem ich Du sage, erfahre ich nicht. Aber ich stehe in der Beziehung zu ihm, im heiligen Grundwort. Erst wenn ich daraus trete, erfahre ich ihn wieder. Erfahrung ist Du-Ferne. Beziehung kann bestehen, auch wenn der Mensch, zu dem ich Du sage, in seiner Erfahrung es nicht vernimmt. Denn Du ist mehr, als Es weiß. Du tut mehr, und ihm widerfährt mehr, als Es weiß. Hierher langt kein Trug; hier ist die Wiege des Wirklichen Lebens ...

– Was erfährt man also vom Du?
– Eben nichts. Denn man erfährt es nicht.
– Was weiß man also vom Du?
– Nur alles. Denn man weiß von ihm nichts Einzelnes mehr ...

Die Beziehung zum Du ist unmittelbar. Zwischen Ich und Du steht keine Begrifflichkeit, kein Vorwissen und keine Phantasie; und das Geständnis selber verwandelt sich, da es aus der Einzelung in die Ganzheit stürzt. Zwischen Ich und Du steht kein Zweck, keine Gier und keine Vorwegnahme; und die Sehnsucht selber verwandelt sich, da sie aus dem Traum in die Erscheinung stürzt. Alles Mittel ist Hindernis. Nur wo alles Mittel zerfallen ist, geschieht die Begegnung.

*Ich und Du*[42]

## *Begegnung*

### SCHWARZE PFOTE IN WEISSEM BART

*Wenn ich an Martin Buber denke, fällt mir Mutzi ein. Schwarz – selbstbewusst – verspielt – kontaktfreudig – eigenwillig – charmant: unsere Katze. Sie hatte ihr eigenes Maß im Umgang mit Menschen. Hatte man sie am Morgen geärgert, konnte es sein, dass sie am Nachmittag oder Abend so lange hinter einem Schrank lauerte, bis man ahnungslos vorüberkam. Ein Sprung – ein Strumpf dahin – Mutzi, erhobenen Schwanzes dahinstolzierend, mit sich und der Welt zufrieden.*
*Wählerisch nicht nur in dem, was sie fraß, ebenso wählerisch in ihrem Umgang. Besucher wurden kritisch betrachtet – angenommen oder abgelehnt. Mutzi hatte ein gutes Gedächtnis; sie erkannte die Gäste auch nach längerer Zeit wieder. Die einmal getroffene Entscheidung galt. Martin Buber begegnete Mut-*

*zi in unserem langen, ein wenig dämmrigen Flur. Die beiden standen sich in gebührendem Abstand gegenüber. Mutzi zögerte, ob sie dem Fremden den Weg freigeben sollte. Und Martin Buber sprach sie an; er sagte: „Ich weiß, du und deinesgleichen – ihr habt eure eigenen Gedanken." Da war der Bann gebrochen, die Freundschaft geschlossen. Mutzi drehte sich um und ging dem Gast voran ins Zimmer.*
*Nach dem Essen zog sich Mutzi – wie gewohnt – in den Bettkasten zurück, um Mittagsschlaf zu halten. Martin Buber auf der Couch davor. Dann und wann schaute die Katze heraus, kroch vor, schmiegte sich an den Schlafenden – eine schwarze Pfote im weißen Bart ...*

Fridolin Stier[43]

## Aug in Auge

Die Augen des Tiers haben das Vermögen einer großen Sprache ... Ich sehe zuweilen in die Augen einer Hauskatze. Das domestizierte Tier hat nicht etwa von uns, wie wir uns zuweilen einbilden, die Gabe des wahrhaft „sprechenden" Blicks empfangen, sondern nur – um den Preis der elementaren Unbefangenheit – die Befähigung, ihn uns Untieren zuzuwenden ...
Diese Katze begann ihren Blick unbestreitbar damit, sich mit dem unter dem Anhauch meines Blicks aufglimmenden zu fragen: „Kann das sein, dass du mich meinst? Willst du wirklich nicht bloß,

dass ich dir Späße vormache? Gehe ich dich an? Bin ich dir da? Bin ich da? Was ist das da von dir her? Was ist das da um mich her? Was ist das an mir? Was ist das?!“ ...
Da war der Blick des Tiers, die Sprache der Bangigkeit, groß aufgegangen – und da ging er schon unter. Mein Blick war freilich ausdauernder; aber er war der strömende Menschenblick nicht mehr.

*Ich und Du*[44]

**Ein Du, das bleibt**

Ich begegne Menschen, Tieren, Dingen. Beziehung entsteht. Der Funke flammt auf, dauert – verglüht. Beziehung wandelt sich. Man beginnt nachzudenken „über“; man beginnt zu zergliedern. Man analysiert, nimmt Einzelheiten wahr, Eigenschaften. Man ordnet ein: ein Baum unter vielen – ein Tier unter vielen – ein Mensch unter vielen. Das Du wird zum Es.
Gibt es ein Du, das mir bleibt? Kann ich ihm begegnen?

Man findet Gott nicht, wenn man in der Welt bleibt, man findet Gott nicht, wenn man aus der Welt geht. Wer mit dem ganzen Wesen zu seinem Du ausgeht und alles Weltwesen ihm zuträgt, findet ihn, den man nicht suchen kann. Gewiss ist

Gott „das ganz andere"; aber er ist auch das ganz Selbe: das ganz Gegenwärtige. Gewiss ist er das Mysterium tremendum, das erscheint und niederwirft; aber er ist auch das Geheimnis des Selbstverständlichen, das mir näher ist als mein Ich. Wenn du das Leben der Dinge und der Bedingtheit ergründest, kommst du an das Unauflösbare, wenn du das Leben der Dinge und der Bedingtheit bestreitest, gerätst du vor das Nichts, wenn du das Leben heiligst, begegnest du dem lebendigen Gott. Der Du-Sinn des Menschen, dem aus den Beziehungen zu allem einzelnen Du die Enttäuschung des Eswerdens widerfährt, strebt über sie alle hinaus und doch nicht hinweg seinem ewigen Du zu. Nicht wie man etwas sucht; es gibt in Wahrheit kein Gott-Suchen, weil es nichts gibt, wo man ihn nicht finden könnte. Wie töricht und hoffnungslos wäre einer, der vom Weg seines Lebens abwiche, um Gott zu suchen: ob er auch alle Weisheit der Einsamkeit und alle Macht der Sammlung gewänne, ihn verfehlte er. Vielmehr ist es, wie wenn einer seines Wegs geht und nur eben wünscht, es möchte der Weg sein; in der Kraft seines Wunsches äußert sich sein Streben. Jedes Beziehungsereignis ist eine Station, die ihm einen Blick in das erfüllende auftut; so ist er in allen des einen unteilhaftig, aber teilhaftig auch, weil er gewärtig ist. Gewärtig, nicht suchend, geht er seines Wegs: daher hat er die Gelassenheit zu allen Dingen und die Berührung, die ihnen hilft. Aber wenn er gefunden hat, ist sein Herz ihnen nicht abgewandt, ob ihm nun auch alles in einem begegnet. Er segnet alle Zellen, die ihn beherbergt haben, und alle, in denen er noch einkehren wird. Denn dieses Finden ist nicht ein Ende des Wegs, nur seine ewige Mitte.

*Ich und Du*[45]

## *Glaubensweisen*

### Vertrauen – glauben

*Im Gespräch mit – im Erzählen von – Martin Buber kann ein Christ (vor allem einer, dem es um die Bibel Alten und Neuen Testaments geht) leicht vergessen, dass der Gesprächspartner Jude ist – und bleibt. Aus jüdischer Sicht, mit jüdischem Herzen liest Martin Buber auch das Neue Testament. Als Jude hört und versteht er die Botschaft des Juden Jesus von Nazaret. Als Jude vernimmt er die christliche Verkündigung, wie sie zu seiner Zeit an Fakultäten und in Kirchen geschieht, wie er sie erlebt – erfährt. Er versucht es mit dem geschichtlichen Vergleich, müht sich um Objektivität und kann es doch nicht verhindern, dass ihm das Gespräch*

*„mit" dem Christentum hin und wieder zur Kritik „am" Christentum gerät.*
*Es ist nicht immer leicht, der Argumentation Bubers zu folgen, auch deshalb, weil die Methoden der Exegese, um die er sich müht (obwohl sie ihm fremd bleiben), nicht mehr die unseren sind. Dennoch trifft manches an Bubers Kritik zwar nicht das Christentum und seine Botschaft, wohl aber gewisse Formen christlicher Verkündigung, bzw. gewissen Weisen, wie christliche „Inhalte" vermittelt werden.*
*Buber sucht und findet die Wurzeln des Grundsätzlich-Unterscheidenden in der Frühzeit, als die Schriften des Neuen Testaments entstanden. Damals bildete sich – so meint er – jene „zweite" Glaubensweise, die – von Paulus und Johannes repräsentiert – sich abhebt von der „ersten", der ursprünglichen, für die das Judentum, Jesus und die synoptischen Evangelien stehen.*
*Die Grunddifferenz, die Buber zu entdecken glaubt, ist in dem jeweils anderen Grundwort zentriert. Vereinfacht kann man sagen: Für das Judentum und auch für Jesus war „Glauben" gleichbedeutend mit „Vertrauen auf" (durch das hebräische Wort mùnâ' bestimmt); für die vom Hellenismus und der Gnosis geprägten Überlieferungsträger Paulus und Johannes ist „Glaube" gleichbedeutend mit dem „Bekenntnis zu" einer Lehre, ein „Dass-Glaube" (wie ihn das griechische Wort pistis definiert).*

*In seinem 1950 erschienenen Buch „Zwei Glaubensweisen“ legt Buber seine Ansicht einer größeren Öffentlichkeit vor.*
*Zwei Glaubensweisen – jede ermöglicht ihre eigene Beziehung zwischen Gott und Mensch. Allerdings der Dialog zwischen beiden sich ergänzenden Erfahrungen fällt schwer. Kann doch die eine, die ursprünglichere, der späteren nur kritisch begegnen; denn sie sieht in ihr das „Abenteuer Glauben“ auf Regeln festgeschrieben, berechenbar und nachprüfbar gemacht. Andererseits hat die spätere Weise die frühere im Verdacht, Gefahr zu laufen, inhaltslos und beliebig zu sein. Es gibt den „Es-“ und „Dass-Glauben“ nicht erst in der hellenistisch-christlichen Urgemeinde. Es gibt ihn überall, wo Menschen sich ihres Gottes versichern wollen, wo sie fragen, wem eigentlich sie vertrauen und aus welchem Grund. Es gibt als den „Satz”- und „Für-wahr-halte-Glauben“ nicht erst seit Paulus und Johannes. Doch Buber zeigt mit dem Finger auf die Gefahr christlicher Glaubensweise: satzhafte Bewahrung des Überlieferten stärker werden zu lassen als das Vertrauen in den, dessen Name ist: Ich-bin-da.*
*Martin Buber hat Wesentliches erkannt, und es ist schade, dass seine Position, wie er sie in „Zwei Glaubensweisen“ vertritt, keinen wirklichen Dialog in Gang brachte, einen Dialog, der nicht nur dem Selbstverständnis des Judentums und vor allem des*

*Christentums hätte förderlich sein können, sondern auch dem gegenseitigen Verstehen. Wirkliches Gespräch setzt ja allemal voraus, dass man das Unterscheidende achtet. Und je mehr man es achtet, desto mehr wiegt das Gemeinsame.*[46]

## Bruder Jesus

Es braucht kaum gesagt zu werden, dass mir alle apologetische Tendenz fern liegt.

Das Neue Testament ist seit nahezu 50 Jahren ein Hauptgegenstand meiner Studien gewesen, und ich meine, ein guter Leser zu sein, der unbefangen hört, was gesagt wird.

Jesus habe ich von Jugend auf als meinen großen Bruder empfunden. Dass die Christenheit ihn als Gott und Erlöser angesehen hat und ansieht, ist mir immer als eine Tatsache von höchstem Ernst erschienen, die ich um seinet- und um meinetwillen zu begreifen suchen muss. Ein weniges von den Ergebnissen dieses Begreifenwollens ist hier niedergelegt. Mein eigenes brüderlich aufgeschlossenes Verhältnis zu ihm ist immer stärker und reiner geworden, und ich sehe ihn heute mit stärkerem und reinerem Blick als je.

Gewisser als je ist es mir, dass ihm ein großer Platz in der Glaubensgeschichte Israels zukommt und dass dieser Platz durch keine der üblichen Kategorien umschrieben werden kann. Unter Glaubensgeschichte verstehe ich die Geschichte des uns bekannten menschlichen Anteils daran, was zwischen Gott und Mensch geschehen ist. Unter Glaubensgeschichte Israels verstehe ich demgemäß die Geschichte des uns bekannten Anteils Israels daran, was zwischen Gott und Israel geschehen ist. Es gibt ein Etwas in der Glaubensgeschichte Israels, das nur von Israel her zu erkennen ist, wie es ein Etwas in der Glaubensgeschichte der Christenheit gibt, das nur von ihr aus zu erkennen ist. An dieses Zweite habe ich nur mit der unbefangenen Ehrfurcht des das Wort Hörenden gerührt. Dass ich in diesem Buch mehrfach die Berichtigung irriger Darstellungen jüdischer Glaubensgeschichte vorgenommen habe, hat seinen Grund darin, dass diese auch in die Werke bedeutender, mir sonst maßgebender christlicher Theologen unserer Zeit eingedrungen sind. Ohne zureichende Klärung des zu Klärenden wird man immer wieder aneinander vorbei reden.

*Werke I*[47]

# IV. Das Wort ist zum leben: Biblisches

## *SEIN Wort*

Als ich den drei Bänden dieser Sammlung meiner „Werke“ ihren Inhalt zuteilte, jedem seinen besonderen, hat mir die Tatsache zu denken gegeben, dass das älteste Stück des ersten, der Philosophie gewidmeten Bandes, und das älteste des dritten, der vom Chassidismus handelt, geschrieben worden sind, ehe ich dreißig war, wogegen das älteste Stück dieses, des zweiten Bandes, der die Bibel zum Gegenstand hat, um nahezu zwei Jahrzehnte später entstanden ist. Das sagte mir auf eine besonders eindringliche Weise, was ich freilich schon gewusst, aber nicht recht bedacht hatte: dass ich zum Dienst an der Bibel erst habe reifen müssen.

*1964*[48]

Höre Jísrael:
ER uns Gott, ER Einer!
Liebe denn
IHN, deinen Gott,

mit all deinem Herzen, mit all deiner Seele, mit all
deiner Macht.
Es seien diese Reden, die ich heuttags dir gebiete,
auf deinem Herzen,
einschärfe sie deinen Söhnen,
rede davon,
wann du sitzest in deinem Haus und wann du
gehst
auf dem Weg,
wann du dich legst und wann du dich erhebst,
knote sie zu einem Zeichen an deine Hand,
sie seien zu Gebind zwischen deinen Augen,
schreibe sie an die Pfosten deines Hauses und in
deine Tore!

*Reden/Deuteronomium 6,4-9*[49]

## Verdeutschung der Schrift

*Das Schriftübersetzungswerk M. Bubers hat eine lange Geschichte, eine aus Anruf und Antwort gewobene, dialogisch bewegte Geschichte. Ein schon Anfang 1914 im Bunde mit Gleichgesinnten beschlossenes Vorhaben, die hebräische Bibel neu zu übertragen, wurde durch den ersten Weltkrieg vereitelt. Das Werk, das M. Buber zubestimmt war, hatte auf seine Stunde zu warten ... In Gesprächen mit Franz Rosenzweig, der im Jahr 1923 die Gedichte des jüdischen Lyrikers Yehuda Halevi ins*

*Deutsche übertrug, lag der Bibelübersetzungsplan, des Anrufs gewärtig, im Hintergrund der Erörterungen übersetzerischer Probleme. Der Ruf erging im Mai 1925. Dr. Lambert Schneider erbat von Buber eine Übersetzung des AT, die seinen erst gegründeten Verlag eröffnen sollte. Zeichengläubig – „Man weiß niemals vorher, wie ein Engel aussieht", sagte seine Großmutter – war Buber geneigt, zuzusagen und lud Rosenzweig zur Mitarbeit ein. Was sollte da werden? Eine jüdische Revision des Luthertextes? So wollte es Franz Rosenzweig, der die Möglichkeit, ja die Erlaubtheit einer Neuübersetzung wie früher so nun aufs neue mit allem Nachdruck bestritt. Martin Buber aber forderte völliges Neuwerk. Das Experiment sollte die Kontroverse entscheiden. „Ich habe mit redlichem Eifer", so berichtet Buber, „einen Tag an den Versuch gewandt, von Luthers erstem Genesiskapitel zu erhalten, was sich erhalten ließ. Der Versuch scheiterte; nichts ließ sich erhalten, Satz um Satz wandelte sich vom Grunde aus. ‚Die Patina ist weg', urteilte Rosenzweig, ‚dafür ist es blank wie neu, und das ist auch was wert.' Und so begann ‚Die Schrift'."*

Fridolin Stier[50]

Im Anfang schuf Gott den Himmel und die Erde.

Die Erde aber war Irrsal und Wirrsal.
Finsternis über Urwirbels Antlitz.
Braus Gottes schwingend über dem Antlitz der
Wasser.

Gott sprach: Licht werde! Licht ward.
Gott sah das Licht: dass es gut war.
Gott schied zwischen dem Licht und der Finsternis.
Gott rief dem Licht: Tag! Und der Finsternis rief er:
Nacht!
Abend ward und Morgen ward: Ein Tag.

Gott sprach:
Gewölb werde inmitten der Wasser
und sei Scheide von Wasser und Wasser!
Gott machte das Gewölb
und schied zwischen dem Wasser das unterhalb des
Gewölbs war und dem Wasser das oberhalb des
Gewölbs war.
Es ward so.
Dem Gewölb rief Gott: Himmel!
Abend ward und Morgen ward: zweiter Tag.

Gott sprach:
Das Wasser unterm Himmel staue sich an einen
Ort,
und das Trockne lasse sich sehn!
Es ward so.

Dem Trocknen rief Gott: Erde! Und der Stauung der Wasser rief er: Meere!
Gott sah, dass es gut war.
Gott sprach:
Sprießen lasse die Erde Gespross,
Kraut, das Samen samt, Fruchtbaum, der nach seiner Art Frucht macht darin sein Same ist, auf der Erde!
Es ward so.
Die Erde trieb Gespross,
Kraut, das nach seiner Art Samen samt, Baum, der nach seiner Art Frucht macht darin sein Same ist.
Gott sah, dass es gut ist.
Abend ward und Morgen ward: dritter Tag.

Gott sprach:
Leuchten seien am Gewölb des Himmels, zwischen dem Tag und der Nacht zu scheiden,
dass sie werden zu Zeichen, so für Gezeiten so für Tage und Jahre,
und seien Leuchten am Gewölb des Himmels, über die Erde zu leuchten!
Es ward so.
Gott machte die zwei großen Leuchten,
die größre Leuchte zur Waltung des Tags und die kleinere Leuchte zur Waltung der Nacht,
und die Sterne.

Gott gab sie ans Gewölb des Himmels,
über die Erde zu leuchten, des Tags und der Nacht zu walten,
zu scheiden zwischen dem Licht und der Finsternis.
Gott sah, dass es gut ist.
Abend ward und Morgen ward: vierter Tag.

Gott sprach:
Das Wasser wimmle, ein Wimmeln lebenden Wesens, und Vogelflug fliege über der Erde vorüber dem Antlitz des Himmelsgewölbs!
Gott schuf die großen Ungetüme
Und alle lebenden regen Wesen, von denen das Wasser wimmelte, nach ihren Arten,
und allen befittichten Vogel nach seiner Art.
Gott sah, dass es gut ist.
Gott segnete sie, sprechend:
Fruchtet und mehrt euch und füllt das Wasser in den Meeren,
und der Vogel mehre sich auf Erden!
Abend ward und Morgen ward: fünfter Tag.

Gott sprach:
Die Erde treibe lebendes Wesen nach seiner Art,
Herdentier, Kriechgerege und das Wildlebende des Erdlands nach seiner Art!
Es ward so.
Gott machte das Wildlebende des Erdlands nach seiner Art und das Herdentier nach seiner Art

und das Gerege des Ackers nach seiner Art.
Gott sah, dass es gut ist.
Gott sprach:
Machen wir den Menschen in unserem Bild nach
unserem Gleichnis!
Sie sollen schalten über das Fischvolk des Meeres,
den Vogel des Himmels, das Getier, die Erde
all, und alles Gerege, das auf Erden sich regt.
Gott schuf den Menschen in seinem Bilde,
im Bilde Gottes schuf er ihn,
männlich, weiblich schuf er sie.
Gott segnete sie,
Gott sprach zu ihnen:
Fruchtet und mehrt euch und füllet die Erde und
bemächtigt euch ihrer!
schaltet über das Fischvolk des Meers, den Vogel
des Himmels alles Lebendige, das auf Erden
sich regt!
Gott sprach:
das gebe ich euch
alles samensäende Kraut, das auf dem Antlitz der
Erde all ist,
und alljeden Baum, daran samensäende Baum-
frucht ist,
euch sei es zum Essen,
und allem Lebendigen der Erde, allem Vogel des
Himmels, allem, was auf Erden sich regt, darin
lebendes Wesen ist,

alles Grün des Krauts zum Essen.
Es ward so.
Gott sah alles, was er gemacht hatte,
und da, es war sehr gut.
Abend ward und Morgen ward: der sechste Tag.

Vollendet waren der Himmel und die Erde, und
alle ihre Schar.
Vollendet hatte Gott am siebenten Tag seine Arbeit,
die er machte,
und feierte am siebenten Tag von all seiner Arbeit,
die er machte.
Gott segnete den siebenten Tag und heiligte ihn,
denn an ihm feierte er von all seiner Arbeit, die
machend Gott schuf.
Dies sind die Zeugungen des Himmels und der
Erde: ihr Erschaffensein.

*Im Anfang/Genesis 1,1-2,4a*[51]

## Ein Werk von Jahrzehnten

*Aus der gemeinsamen Arbeit von Martin Buber und Franz Rosenzweig entstanden die ersten Bände*[52]. *Inmitten der Arbeit am 53. Kapitel des Jesaja, am 10. Dezember 1929, starb Franz Rosenzweig. Nun war es an Buber, den Anteil des Partners in sich aufzunehmen und die täglichen, oft leidenschaftlichen Auseinandersetzungen mit ihm, vor allem in den Fragen der Wortwahl, in denen Buber die „Sa-*

*che des armen Lesers" verfocht, in sich selbst fortzuführen. In größeren Abständen folgten nun die weiteren Teilbände, drei noch bei Lambert Schneider, drei, in der Hitlerzeit, im Schockenverlag. Im Jahre 1938, als Martin Buber nach Palästina zog, als nach der Kristallnacht der Schockenverlag aufgelöst wurde, waren es 15 Bände geworden. Noch fehlten unter anderen wichtigen Teilen Hiob, der Prediger, das Hohelied. Menschlich gesprochen, hätte es beim unvollendeten Werk des Sechzigjährigen bleiben können. Da kam 1950 zu später, schon abendlicher Lebensstunde das Angebot des Verlags Jakob Hegner, den fünfzehnbändigen Torso überarbeitet, zusammen mit den noch zu übersetzenden Büchern als Gesamtwerk herauszubringen. Von neuem ging es an die Arbeit: 1954 erschienen „Die fünf Bücher der Weisung"; 1955 die „Bücher der Geschichte"; 1958 die „Bücher der Kündung". Im Herbst 1959 konnte Buber das Buch Hiob abschließen. Anfang 1961 war der Rest und damit das Ganze vollendet.*

Fridolin Stier[53]

Mosche stieg zu der Gottheit auf,
da rief ER ihm vom Berg,
sprechend:
So sprich zum Hause Jaakobs,
melde den Söhnen Jísraels:

Selber habt ihr gesehn, was ich an Ägypten tat,
ich trug euch auf Adlerflügeln und ließ euch kommen zu mir.
Und jetzt,
hört ihr, hört auf meine Stimme und wahrt meinen Bund,
dann werdet ihr mir
aus allen Völkern ein Sondergut.
Denn mein ist all das Erdland,
ihr aber,
ihr sollt mir werden
ein Königsbereich von Priestern,
ein heiliger Stamm.

*Namen/Exodus 19,3-6a*[54]

## Das Wort im Wortgefüge

*Dem gesprochenen, gehörten und zu Gehör zu bringenden Wort hat Buber – uns stummen Augenlesern zu Hilfe – einen optischen Ausdruck gegeben. Wenn man die Übersetzung aufschlägt, dann mögen die kürzeren und längeren Zeilen einen anmuten wie das Satzbild etwa Hölderlinscher Hymnen. Aber weit davon; darum handelt es sich nicht. Der Übersetzer Buber dichtet nicht. Er sucht das Wort, das Wort im Wortgefüge sich aussprechenden Sinnes. Um Sinnzeilen handelt es sich hier, um Gliederung des Textes in Einheiten, die zugleich Atem-, Sprech- und Sinn-*

*einheiten sind, um das uralte, der Gesprochenheit entstammende Prinzip der sogenannten Kolometrie. In Bubers Sinnzeilen gesprochen, wahrt der Text oder vielmehr empfängt er wieder seine gliedhafte Körperlichkeit und eine eigentümliche Lautung, die ihm im Munde der Vorleser oder gar der bloßen Verleser der zweispaltig, in halbzeiligen Versklötzchen gesetzten Bibeltexte seit geraumer Zeit abhanden gekommen ist.*

Fridolin Stier[55]

Gott redete all diese Rede,
er sprach:

ICH
bin dein Gott,
der ich dich führte
aus dem Land Ägypten, aus dem Haus der Dienstbarkeit.

Nicht sei dir
andere Gottheit
mir ins Angesicht.
Nicht mache dir Schnitzgebild, –
und alle Gestalt,
die im Himmel oben, die auf Erden unten, die im Wasser unter der Erde ist,
neige dich ihnen nicht,
diene ihnen nicht,

denn ICH dein Gott
bin ein eifernder Gottherr,
zuordnend Fehl von Vätern ihnen an Söhnen, am
dritten und vierten Glied,
denen die mich hassen,
aber Huld tuend ins tausendste
denen die mich lieben,
denen die meine Gebote wahren.
Trage nicht
SEINEN deines Gottes Namen
auf das Wahnhafte,
denn nicht straffrei lässt ER ihn,
der seinen Namen auf das Wahnhafte trägt.

Gedenke
des Tags der Feier, ihn zu heiligen.
Ein Tagsechst diene und mache all deine Arbeit,
aber der siebente Tag
ist Feier IHM, deinem Gott:
nicht mache allerart Arbeit,
du, dein Sohn, deine Tochter,
dein Dienstknecht, deine Magd, dein Tier,
und dein Gastsasse in deinen Toren.
Denn ein Tagsechst
machte ER
den Himmel und die Erde, das Meer und alles, was
in ihnen ist,
am siebenten Tag aber ruhte er,

darum segnete ER den Tag der Feier, er hat ihn
geheiligt.

Ehre
deinen Vater und deine Mutter,
damit sich längern deine Tage
auf dem Ackerboden, den ER dein Gott dir gibt.

Morde nicht.

Buhle nicht.

Stiehl nicht.

Aussage nicht
gegen deinen Genossen als Lügenzeuge.
Begehe nicht
das Haus deines Genossen,
begehre nicht das Weib deines Genossen,
seinen Knecht, seine Magd, seinen Ochsen, seinen
Esel,
noch allirgend was deines Genossen ist.

*Namen/Exodus 20,1-17*[56]

## Die Wahrheit des Worts

*Was zeichnet denn nun Bubers Übersetzung der hebräischen Bibel vor allen anderen aus? Ich meine: Es ist ihre Wahrheit. – Im griechischen Sinn der aletheia, der „Unverborgenheit“, der Aushüllung. – Und diese Wahrheit ist eine Frucht der Treue, der „veri-*

*tas" im hebräischen Sinne – Hier waltet radikale Treue zum hebräischen Wort Hand in Hand mit dem kühnen Zutrauen zur deutschen Sprache, dass sie als Empfängerin des biblischen Wortes mehr vermöge, als was ihr bislang zugetraut worden ist … Zum Dienst der Treue gehört für Buber und Rosenzweig das offene Ohr für wesentliche Ausdrucksmittel des hebräischen Stils. Eines davon, die Wiederkehr der gleichen Wortwurzel im engeren oder über Abschnitte hinweg entfernteren Zusammenhang, der von Martin Buber entdeckte „Leitwortstil", der durch die Wiederholung gleicher Worte und Wortgefüge sich gegenseitig erhellender Verweise eine Art gesprochener Unterstreichung bewirkt, geht in fast allen anscheinend nach dem schulmeisterlichen Rezept der variatio delectans, der erfreuenden Abwechslung, gemachten Übersetzungen verloren.*

Fridolin Stier[57]

Einst gingen die Bäume, gingen,
über sich einen König zu salben.
Sie sprachen zur Olive:
Sei König über uns.
Die Olive sprach zu ihnen:
Stockt mir denn mein Fett,
mit dem man Götter und Menschen ehrt,
dass ich gehen sollte,

über den Bäumen zu schwanken?
Die Bäume sprachen zur Feige:
Geh du, sei König über uns.
Die Feige sprach zu ihnen:
Stockt mir denn meine Süße,
mein gutes Gedeihn,
dass ich gehen sollte,
über den Bäumen zu schwanken?
Die Bäume sprachen zur Rebe:
Geh du, sei König über uns.
Die Rebe sprach zu ihnen:
Stockt mir denn mein Most,
der Götter und Menschen erfreut,
dass ich gehen sollte,
über den Bäumen zu schwanken?
Die Bäume sprachen alle zum Wegdorn:
Geh du, sei König über uns.
Der Wegdorn sprach zu den Bäumen:
Wollt in Treuen ihr mich zum König über euch salben,
kommt,
duckt euch in meinen Schatten!
sonst aber:
ausfahre Feuer vom Wegdorn
und fresse die Libanonzedern"

*Richter 9,8-15*[58]

## *Er ist für uns da*

### Der Name Gottes

*Wie heißt der Name des alttestamentlichen Gottes in Rosenzweigs und Bubers Übersetzung? Wird er mit dem Tetragrammaton, dem vierbuchstabigen Gottesnamen Jahweh, oder dem kyrios der griechischen, dem dominus der lateinischen Übersetzung folgend als „der Herr“ bezeichnet? Nichts von allem! Es ist überhaupt kein Name mehr da. Der Gott dieser Übersetzung ist entnamt. Nicht etwa die Rücksicht auf das jüdische Verbot, das Tetragramm auszusprechen, hat (selbst wenn es mitwaltend gewesen wäre) bei dieser kühnen und schwerwiegenden Entscheidung den Ausschlag gegeben. Von den wirklichen Gründen sei der gewichtigste nur angedeutet. Das Tetragramm war nie ein Eigenname im strengen Begriff. Es war ein Wort, das seinen Sinn sagte, den aus dem lodernden Dornbusch zu Moses gesprochenen Sinn: ähjäh = „ich bin da“. Aber hier sagt Gott nicht, dass er der Seiende ist … nicht sein Sein sagt er aus, dass er ist, sondern, dieses voraussetzend, sagt er sein Da-Sein zu, dass er den nach ihm Fragenden in Ägypten als Befreier da ist, da-sein werde: ICH bin dir, ICH bin euch da. Rede ich ihn an, so sage ich: DU bist mir, uns da. Rede ich von IHM, so sage ich: ER ist mir, ER ist uns, ER ist euch da! ... Die Rufung und Nennung durch die personalen Pronomina ICH-DU-ER bewahrt die dem Tetragrammaton von uran eingesprochne, immer dialogisch einen Zweiten mitsetzende Zusage des DA. Die Entnamung Gottes (pro nomina statt nomina) ist keine jüdische, sondern eine übersetzerische und theologische Entscheidung. Diese auf IHN bezüglichen Pronomina werden groß, in Versalien, geschrieben; gesprochen werden sie mit anrufend erhobener Stimme. So gesprochen, benennen und rufen sie den, der da ist, ins DA.*

Fridolin Stier[59]

Mosche war Hirt der Schafe Jitros, seines
Schwähers, Priesters von Midjan.
Als er die Schafe hinter die Wüste leitete
kam er an den Berg Gottes, zum Choreb.
SEIN Bote ließ von ihm sich sehen
in der Lohe eines Feuers mitten aus dem Dornbusch.
Er sah:
da, der Dornbusch brennt im Feuer, doch der Dornbusch bleibt unverzehrt.
Mosche sprach:
Ich will doch hintreten
und ansehn dieses große Gesicht –
warum der Dornbusch nicht verbrennt.
Als ER aber sah, dass er hintrat, um anzusehen,
rief Gott ihn mitten aus dem Dornbusch an,

er sprach:
Mosche! Mosche!
Er sprach:
Da bin ich.
Er aber sprach:
Nahe nicht herzu,
streife deine Schuhe von deinen Füßen,
denn der Ort, darauf du stehst, Boden der Heiligung ists.
Und sprach:
Ich bin der Gott deines Vaters,
der Gott Abrahams,
der Gott Jizchaks,
der Gott Jaakobs.
Mosche barg sein Antlitz,
denn er fürchtete sich, zu Gott hin zu blicken.
ER aber sprach:
Gesehn habe ich, gesehn die Bedrückung meines Volks, das in Ägypten ist,
ihren Schrei vor seinen Treibern habe ich gehört,
ja, erkannt habe ich seine Leiden.
Nieder zog ich,
es aus der Hand Ägyptens zu retten,
es aus jenem Land hinaufzubringen
nach einem Land, gut und weit,
nach einem Land, Milch und Honig träufend,
nach dem Ort des Kanaaniters und des Chetiters,
des Amoriters und des Prisiters,

des Chiwwiters und des Jebusiters.
Nun,
da ist der Schrei der Söhne Jísraels zu mir gekommen,
und gesehn auch habe ich die Pein, mit der die
Ägypter sie peinigen:
Nun geh,
ich schicke dich zu Pharao,
führe mein Volk, die Söhne Jísraels, aus Ägypten!

Mosche sprach zu Gott:
Wer bin ich,
dass ich zu Pharao gehe,
dass ich die Söhne Jísraels aus Ägypten führe!
Er aber sprach:
Wohl, ich werde dasein bei dir,
und dies hier ist dir das Zeichen, dass ich selber
dich schickte:
hast du das Volk aus Ägypten geführt,
an diesem Berg werdet ihr Gott dienstbar.
Mosche sprach zu Gott:
Da komme ich denn zu den Söhnen Jísraels,
ich spreche zu ihnen: Der Gott eurer Väter schickt
mich zu euch,
sie werden zu mir sprechen: Was ists um seinen
Namen? –
Was spreche ich dann zu ihnen?
Gott sprach zu Mosche:
Ich werde dasein, als der ich dasein werde.

Und er sprach:
So sollst du zu den Söhnen Jísraels sprechen:
ICH BIN DA schickt mich zu euch.
Und weiter sprach Gott zu Mosche:
So sollst du zu den Söhnen Jísraels sprechen:
ER,
der Gott eurer Väter,
der Gott Abrahams, der Gott Jizchaks, der Gott
Jaakobs,
schickt mich zu euch.
Das ist mein Name in Weltzeit,
das mein Gedenken, Geschlecht für Geschlecht.

*Namen/Exodus 3,1-15*[60]

## Buber über die Anfänge der Arbeit

Rosenzweig schreibt an mich schon während der Arbeit am Genesis-Band (29. Juli 1925): „Ist Ihnen eigentlich klar, dass heut der von den neuen Marcioniten theoretisch erstrebte Zustand praktisch schon da ist? Unter Bibel versteht heute der Christ nur das Neue Testament, etwa mit den Psalmen, von denen er dann noch meist meint, sie gehörten zum Neuen Testament. Also werden wir missionieren.“ Und ein halbes Jahr danach ist sein Gedanke zu unüberbietbarer Präzision gediehen. Er schreibt (an den Freund Eugen Mayer, 30. Dezember 1925): „Ich fürchte manchmal, die Deutschen werden diese allzu unchristliche Bibel nicht vertragen, und es wird die Übersetzung der heut ja von den neuen Marcioniten angestrebten Austreibung der Bibel aus der deutschen Kultur werden, wie Luthers die der Eroberung Deutschlands durch die Bibel war. Aber auch auf ein solches Golus Bowel (babylonisches Exil) könnte ja dann nach siebzig Jahren ein neuer Einzug folgen, und jedenfalls – das Ende ist nicht unsere Sache, aber der Anfang und das Anfangen."

Es sieht mir nicht danach aus, als ob die Schrift siebzig Jahre zu warten hätte. Aber „missionieren" – ja, auf jeden Fall! Ich bin sonst ein radikaler Gegner alles Missionierens und habe auch Rosenzweig gründlich widersprochen, wenn er sich für eine jüdische Mission einsetzte. Aber diese Mission da lasse ich mir gefallen, der es nicht um Judentum und Christentum geht, sondern um die gemeinsame Urwahrheit, von deren Wiederholung beider Zukunft abhängt. Die Schrift ist am Missionieren. Und es gibt schon Zeichen dafür, dass ihr ein Gelingen beschieden ist.

*Die Schrift und ihre Verdeutschung*[61]

Als die siebente Mondneuung erschien, und die
Söhne Jísraels waren in ihren Städten,
versammelten sie sich, alles Volk wie ein Mann,
auf dem Platz, der vor dem Wassertor ist,

und sie sprachen Esra, den Schriftkundigen, an,
das Buch der Weisung Mosches zu bringen,
die ER Jísrael geboten hatte.
Esra, der Priester, brachte die Weisung vor die
Gemeinschaft, so Männer wie Frauen, und all-
jeden, der im Zuhören erfasst,
am ersten Tag auf die siebente Neuung.
Er las daraus vor auf dem Platz, der vorm Wasser-
tor ist, vom Frühlicht bis zur Tageshälfte
vor den Männern und Frauen und den
Erfassenden, – die Ohren alles Volks zum
Buche der Weisung hin.
Esra, der Schriftkundige, stand auf einer
Holzkanzel, die man dafür errichtet hatte –
Esra öffnete das Buch vor den Augen alles Volks,
denn er war über alles Volk erhoben,
und als er es öffnete, stand alles Volk auf.
Esra segnete IHN, den großen Gott,
und alles Volk antwortete: „Jawahr, jawahr!", die
Hände erhoben,
sie verneigten sich und warfen sich nieder vor
IHM, Stirn zur Erde.

*Nechemja/Nehemia 7,72b-8,6*[62]

Nun also
fürchtet IHN und dient ihm
in Schlichtheit und in Treue,
schafft die Götter ab, denen eure Väter jenseit des

Stroms und in Ägypten dienten,
und dienet IHM!
Ists aber in euren Augen übel IHM zu dienen,
wählet euch heute, wem ihr dienen wollt,
ob den Göttern, denen eure Väter, die jenseit des Stromes, dienten
ob den Göttern des Amoriters, in dessen Land ihr siedelt, –
ich aber und mein Haus, wir wollen IHM dienen.

*Jehoschua/Josua 24,14-15*[63]

**Wort und Deutung**

Am Tag, da ER, Gott, Erde und Himmel machte,
noch war aller Busch des Feldes nicht auf der Erde,
noch war alles Kraut des Feldes nicht aufgeschossen,
denn nicht hatte regnen lassen ER, Gott, über die Erde,
und Mensch, Adam, war keiner, den Acker, Adama, zu bedienen:
aus der Erde stieg da ein Dunst und netzte all das Antlitz des Ackers,
und ER, Gott, bildete den Menschen, Staub vom Acker,
er blies in seine Nasenlöcher Hauch des Lebens,
und der Mensch wurde zum lebenden Wesen.

ER, Gott, pflanzte einen Garten in Eden, Üppigland, ostwärts,

und legte darein den Menschen, den er gebildet
hatte.
ER, Gott, ließ aus dem Acker allerlei Bäume
schießen,
reizend zu sehn und gut zu essen,
und den Baum des Lebens mitten im Garten und
den Baum der Erkenntnis von Gut und Böse.

Ein Strom aber fährt aus von Eden, den Garten zu
netzen,
und trennt sich von dort und wird zu vier
Flussköpfen.
Der Name des einen ist Pischon, der ists der alles
Land Chawila umkreist, wo das Gold ist,
gut ist das Gold des Lands, dort ist das Edelharz
und der Stein Karneol.
Der Name des zweiten Stroms ist Gichon, der ists
der alles Land Kusch umkreist.
Der Name des dritten Stroms ist Chiddekel, der ists
der im Osten von Assyrien hingeht.
Der vierte Strom, das ist der Euphrat.

ER, Gott, nahm den Menschen und setzte ihn in
den Garten von Eden,
ihn zu bedienen und ihn zu hüten.
Er, Gott, gebot über den Menschen, sprechend:
Von allen Bäumen des Gartens magst essen du,
essen,
aber vom Baum der Erkenntnis von Gut und Böse,

von dem sollst du nicht essen,
denn am Tag, da du von ihm issest, musst sterben
du, sterben.

*Im Anfang/Genesis 2,4b-17*[64]

„Am Tag, da JHWH, Gott, Erde und Himmel machte –" Die Erde steht hier an erster Stelle, denn es geht um sie, um den auf ihr eingesetzten Menschen. An dem Gott, von dem hier geredet wird, ist uns das Wichtigste, dass er der Gott der Erde, der Gott ihrer Geschichte, der Menschengeschichte ist. Wir erfahren alsbald (V.5), dass er noch nicht regnen ließ, dass er also der Herr auch des Regens ist, aber auch das wird ja nur des Menschen wegen berichtet. Das Wesentliche an der Erde ist, dass sie die adamah, den bebaubaren Boden, umfasst, und das Wesentliche an diesem, dass er Adams, des Menschen, des aus ihm Gebildeten, bedarf und seiner harrt, um von ihm bebaut, „bedient" zu werden. Die Erde ist im tiefsten Ernst vom Menschen abhängig: sein Ungehorsam bringt den Fluch über den Ackerboden (3,17). Wenn der Mensch „seinen Weg verderbt" (6,12), „verdirbt" die Erde, durch seine Schuld „verderbt" Gott nun so Erde wie Menschen, das heißt, er bringt das Verderben über beide (9,11) ...
Der Erzähler sagt seinem Volk damit implicite, dass die Geschicke des Ackerbodens nicht von Göt-

tervermählungen und den diesen beeinflussen sollenden Riten, sondern von dem Lebensverhältnis Israels zu JHWH abhängen. Aber explicite sagt er, dass das menschliche Schicksal sich vom Dialog zwischen Gott und Mensch aus entscheidet, dem Dialog, gegen dessen lebensausfüllende, weltausfüllende Wirklichkeit keine Zeremonie aufkommen kann.

*Der Glaube der Propheten*[65]

## *Von IHM betroffen*

### AUFGESCHLOSSENHEIT

Dem „heutigen Menschen" ist die Glaubenssicherheit nicht zugänglich und kann ihm nicht zugänglich gemacht werden. Wenn es ihm um die Sache ernst ist, weiß er das und darf sich nichts vortäuschen. Aber die Glaubensaufgeschlossenheit ist ihm nicht versagt. Auch er kann sich, eben wenn er mit der Sache wahrhaft ernst macht, diesem Buch auftun und sich von dessen Strahlen treffen lassen, wo sie ihn eben treffen; er kann sich, ohne Vorwegnahme und ohne Vorbehalt, hergeben und sich erproben lassen; er kann aufnehmen, mit allen Kräften aufnehmen, und erwarten, was etwa an ihm geschehen wird, warten, ob nicht zu dem und jenem in dem Buch eine neue Unbefangenheit in ihm aufkeimt. Dazu muss er freilich die Schrift vornehmen, als kennte er sie noch nicht; als hätte er sie nicht in der Schule und seither im Schein „religiöser“ und „wissenschaftlicher“ Sicherheiten vorgesetzt bekommen; als hätte er nicht zeitlebens allerlei auf sie sich berufende Scheinbegriffe und Scheinsätze erfahren; neu muss er sich dem neugewordenen Buch stellen, nichts von sich vorenthalten, alles zwischen jenem und ihm geschehen lassen, was geschehen mag. Er weiß nicht, welcher Spruch, welches Bild ihn von dort aus angreifen und umschmelzen, woher der Geist brausen und in ihn fahren wird, um sich in seinem Leben neu zu verleiben; aber er ist aufgetan. Er glaubt nichts von vornherein, er glaubt nichts von vornherein nicht. Er liest laut, was dasteht, er hört das Wort, das er spricht, und es kommt zu ihm, nichts ist präjudiziert, der Strom der Zeiten strömt, und dieses Menschen Heutigkeit wird selber zum auffangenden Gefäß.

*Zu einer neuen Verdeutschung der Schrift*[66]

ER sandte zu DAWID den Natan,
der kam zu ihm hin und sprach zu ihm:
In einer Stadt waren zwei Männer,
einer reich, einer arm.
Der Reiche hatte Schafe und Rinder, sehr viel,

der Arme hatte gar nichts als nur ein kleines Lämmchen,
das hatte er gekauft, hatte es am Leben erhalten,
es wuchs bei ihm auf, bei seinen Söhnen mitsammen,
von seinem Bissen aß es,
von seinem Becher trank es,
in seinem Schoße lag es,
es war ihm wie eine Tochter.
Da kam zu dem reichen Mann ein Reisegänger,
aber es dauerte ihn, von seinen Schafen oder von seinen Rindern zu nehmen, um für den Wandrer, der zu ihm gekommen war, etwas zu machen,
so nahm er das Lämmchen des armen Mannes und machte es zurecht für den Mann, der zu ihm gekommen war.
Dawids Zorn entflammte mächtig wider den Mann,
er sprach zu Natan:
Sowahr ER lebt,
ein Sohn des Tods müsste ja der Mann sein, der solches tut,
ob er gleich das Lämmchen nur vierfach bezahlen muss,
– deswegen, dass er solche Sache getan, und dafür, dass es ihn nicht gedauert hat!
Nathan sprach zu Dawid:
Du bist der Mann!

*II Schmuel/2. Buch Samuel 12,1-7a*[67]

Des Chormeisters,
ein Harfenlied Dawids:
als zu ihm Natan der Künder gegangen kam,
damals als er zu Batscheba eingegangen war.

Gunst leihe mir, Gott,
nach deiner Huld!
nach der Fülle deines Erbarmens
lösche meine Abtrünnigkeiten!
wasche mich völlig ab
von meinem Fehl,
von meiner Sünde reinige mich!

Denn meine Abtrünnigkeiten,
selber erkenne ich sie,
meine Sünde ist mir stets gegenwärtig
– an dir allein habe ich gesündigt,
das in deinen Augen Böse getan –,
damit du wahr erscheinst in deinen Reden,
klar in deinem Richten.

Wohl, wurde gekreißt ich in Fehl,
empfing brünstig mich meine Mutter in Sünde,
wohl, doch hast du Gefallen an Treue
bis in den Fibern,
machst im Geheimsten Weisheit mir kenntlich:
entsündige mich mit Ysop,
dass ich rein werde,
wasche mich,
dass ich weißer werde als Schnee!

Lasse mich hören Entzücken und Freude,
jauchzen sollen die Gebeine,
die du geschlagen hast!
Verstecke dein Antlitz vor meinen Sünden,
all meine Fehle lösch aus!

Ein reines Herz schaffe mir, Gott,
einen festen Geist erneue in meinem Innern!
Verwirf mich nimmer von deinem Antlitz,
den Geist deiner Heilung nimm nimmer von mir!
Lass das Entzücken deiner Freiheit mir kehren,
mit dem Geist der Willigkeit stütze mich:
ich soll die Abtrünnigen lehren deine Wege,
dass die Sündigen umkehren zu dir.

*Preisungen/Psalm 51,1-15*[68]

## Zum Nomaden des Glaubens gemacht

Man mag es „rationalistisch" nennen, was ich meine: mich dünkt es etwas Ungeheures in der Religionsgeschichte zu sein, dass einmal ein wandernder Aramäer – die biblische Tradition nennt ihn Abram – den von seiner Umwelt angenommenen Glauben an „the planet of way für the wayfaring Semitic race" (Ch. M. Doughthy) verlor und den Glauben an Einen gewann, der kein „Naturgott" war. Kein Naturgott, sondern ein Schutzgott – aber nicht ein Sippenfetisch, sondern ein großer, zugleich verborgener und offenbarer Schutzgott, nicht der Terachiden, sondern der seine, Abrams, und der seiner neuen „abgesprengten“ Sippe und aller, die sich ihm anschließen. Ein Gott, der schützend mitgeht, nicht in Mondnächten bloß, sondern auch in mondlosen und auch an Wintertagen, in der Zeit des Jahres, da der Nomade der mesopotamischen Steppe tags zu wandern vorzieht. Ein Gott, dessen Licht nicht erlischt. Ein Gott, dem man vertraut, weil man von ihm angeredet worden ist. Es ist ein Gott, der einem *sagt*, dass er einen führt.

Aber wohin führt er einen? Nicht, wohin man kommen wollte. Er schützt, wie er schützen will, und er führt, wohin er führen will. Er führt einen, wohin er einen schickt. Er bringt einen sicher nach Haran, man lässt sich hier nieder, man will hier bleiben, aber er will es anders, er schickt einen hinweg, führt einen hinweg – vom Vaterhaus hinweg in die Fremde: in die Fremde, die er verheißt. Er macht einen zum Nomaden des Glaubens.

*Der Glaube der Propheten*[69]

ER sprach zu Abram:
Geh vor dich hin aus deinem Land, aus deiner Verwandtschaft, aus dem Haus deines Vaters
in das Land, das ich dich sehn lassen werde.
Ich will dich zu einem großen Stamme machen
und will dich segnen
und will deinen Namen großwachsen lassen.

Werde ein Segen.
Segnen will ich, die dich segnen,
die dich lästern, verfluche ich.
Mit dir werden sich segnen alle Sippen des
Bodens.

*Im Anfang/Genesis 12,1-3*[70]

Mein Gott, mein Gott,
warum hast du mich verlassen?
Fern bleiben meiner Befreiung
die Worte meines Notschreis.
“Meine Gottheit!“ rufe ich tags
und du antwortest nicht,
nachts, und nicht wird mir Stillung.

O Heiliger du,
auf Jísraels Preisungen thronend,
an dir wussten unsere Väter sich sicher,
sicher, und du ließest sie entrinnen,
zu dir schrien sie und durften entschlüpfen,
an dir gesichert wurden nie sie beschämt.

*Preisungen/Psalm 22,2-5*[71]

Des Chormeisters,
von Dawid, ein Harfenlied

DU,
du erforschest mich und du kennst,
du selber kennst mein Sitzen, mein Stehn,

du merkst auf mein Denken von fern,
meinen Pfad und meine Rast sichtest du,
in all meinen Wegen bist du bewandert.
Ja, kein Raunen ist mir auf der Zunge,
da, schon erkannt, DU, hast dus allsamt.
Hinten, vorn engst du mich ein,
legst auf mich deine Faust.
Zu sonderlich ist mir das Erkennen,
zu steil ists, ich übermags nicht.

Wohin soll ich gehn vor deinem Geist,
wohin vor deinem Antlitz entlaufen!
Ob ich den Himmel erklömme, du bist dort,
bettete ich mir im Gruftreich, da bist du.
Erhübe ich Flügel des Morgenrots,
nähme Wohnung am hintersten Meer,
dort auch griffe mich deine Hand,
deine Rechte fasste mich an.
Spräche ich: „Finsternis erhasche mich nur,
Nacht sei das Licht um mich her!“,
auch Finsternis finstert dir nicht,
Nacht leuchtet gleichwie der Tag,
gleich ist Verfinsterung, gleich Erleuchtung.
Ja, du bists,
der bereitete meine Nieren,
mich wob im Leib der Mutter!
Danken will ich dir dafür,
dass ich furchtbar bin ausgesondert:
sonderlich ist, was du machst,

sehr erkennts meine Seele.
Mein Kern war dir nicht verhohlen,
als ich wurde gemacht im Verborgnen,
buntgewirkt im untersten Erdreich,
meinen Knäul sahn deine Augen,
und in dein Buch waren all sie geschrieben,
die Tage, die einst würden gebildet,
als aber war nicht einer von ihnen.
Und mir
wie köstlich, Gottherr, sind deine Gedanken,
ihre Hauptstücke wie kernkräftig!
ich will sie buchen, ihrer wird mehr als des Sands! –
Ich erwache: noch bin ich bei dir.

O dass du, Gott, umbrächtest den Frevler:
„Ihr Blutmänner, weichet von mir!“,
sie, die dich zu Ränken besprechen,
es hinheben auf das Wahnhafte, deine Gegner!
Hasse ich deine Hasser nicht, DU,
widerts mich der dir Aufständischen nicht?
ich hasse sie mit der Allheit des Hasses,
mir zu Feinden sind sie geworden.
Erforsche, Gottherr, mich, kenne mein Herz,
prüfe mich, kenne meine Sorgen,
sieh, ob bei mir Weg der Trübung ist,
und leite mich auf dem Wege der Weltzeit!

*Preisungen/Psalm 139*[72]

Ein Harfenlied Dawids

ER ist mein Hirt,
mir mangelts nicht.

Auf Grastriften
lagert er mich,
zu Wassern der Ruh
führt er mich.
Die Seele mir
bringt er zurück,
er leitet mich
in wahrhaftigen Gleisen
um seines Namens willen. –
Auch wenn ich gehn muss
durch die Todschattenschlucht,
fürchte ich nichts Böses,
denn du bist bei mir,
dein Stab, deine Stütze –
die trösten mich.
Du rüstest den Tisch mir
meinen Drängern zugegen,
streichst das Haupt mir mit Öl,
mein Kelch ist Genügen.
Nur Gutes und Holdes
verfolgen mich nun
alle Tage meines Lebens,

ich kehre zurück
zu DEINEM Haus
für die Länge der Tage.

*Preisungen/Psalm 23*[73]

## Ein Mann heiliger Unruhe

Elia aus der Ostjordansteppe, eine durch den Schleier der Sage erkennbare große geschichtliche Gestalt, in der Erzählung von Ahab ohne Elternnamen erscheinend und ohne Grab verschwindend, geht durch die verfallsgezeichnete städtische Kultur als der streitbare und unbeugsame Nomade, langhaarig, im härenen fellumgürteten Mantel, an den Enkidu des Gilgameschepos gemahnend, nur dass diesen die Tempeldirne betört, an ihn aber keine Verführung des Baalswesens rührt. Alles, was von ihm erzählt wird, ist mit Gehen, mit Wanderschaft verknüpft; Gottes Stimme, Engelsstimmen heißen ihn wieder und wieder aufstehen und gehen; der Sturmhauch JHWHS trägt ihn hinweg, man weiß nicht wohin (18,12); die Hand JHWHS kommt über ihn und treibt ihn zum Lauf an (V. 46). Er ist mit seinem Leben auf den Wüstenzug und die Sinaioffenbarung bezogen: als ihn „unter einem einsamen Ginsterbusch" (19,4) der Wunsch zu sterben überkommt und ein Engel ihn atzt, geht er vierzig Tage und Nächte, den vierzig Jahren des Wüstenzuges gemäß, gleichsam den Weg zurück zum Berg der Offenbarung, und da empfängt er eine Offenbarung, die zwar nicht ihren Inhalt, aber ihre ebenfalls offenbarende Gestalt darin hat, dass der eifernde Sinaigott dennoch nicht in Sturm und Feuer, sondern in dem „verschwebenden Schweigen" west, das Elia, obgleich es nicht Flüstern oder Säuseln, sondern eben Schweigen ist, „vernimmt" (V. 12); und auch dies geht in eine Aussendung über. Durch den Schleier der Sage erkennt man den Mann der heiligen Unruhe, zwischen Botschaftserfüllung und der an der Welt verzweifelnden Suche nach seinem Gott. Dann aber zerreißt der Schleier, und im klaren geschichtlichen Licht steht er Ahab gegenüber (21,17 ff.) in der rechten geschichtlichen Haltung des Künders JHWHS zum „König von Israel" (V. 18), und rechtet mit ihm um das große Unrecht, das er begangen hat, im Namen des wahren Herrschers und auf Grund der von ihm auferlegten Bindungen den ungetreuen Statthalter verfluchend. Hier hat der harte theopolitische Sachverhalt allen Versuchen der Tradition, ihn legendär zu verklären, widerstanden.

*Der Glaube der Propheten*[74]

Achab meldete Isabel alles, was Elijahu getan
hatte,
über alles, wie er all die Künder mit dem Schwert
umgebracht hatte.

Isabel sandte einen Boten zu Elijahu mit dem
Spruch:
So mögen die Götter tun,
so hinzufügen,
ja, morgen zur Stunde
mache ich deine Seele
der Seele eines von jenen gleich!
Als ers ersah, erhob er sich und ging fort um seine
Seele.
Als er nach Berscheba kam, das schon in Jehuda ist,
ließ er seinen Knaben dort bleiben,
er selber aber ging in die Wüste hinein, einen
Tagesweg.
Wie er so weit gekommen war, setzte er sich unter
einen einsamen Ginsterbusch.
Er wünschte seiner Seele zu sterben,
er sprach:
Nun ists genug, DU,
nimm meine Seele,
ich bin ja nicht besser als meine Väter.
Er legte sich hin und entschlief unter dem ein-
samen Ginsterbusch.
Da rührte ein Bote ihn an,
der sprach zu ihm:
Erheb dich, iss.
Er blickte sich um,
da, zu seinen Häupten ein Glühsteinback und ein
Krug Wasser.

Er aß und trank, dann legte er sich wieder hin.
Aber SEIN Bote kehrte wieder, zum zweitenmal,
und rührte ihn an,
er sprach:
Erheb dich, iss,
genug noch hast du des Wegs.
Er erhob sich, aß und trank,
dann ging er in der Kraft dieser Atzung
vierzig Tage und vierzig Nächte
bis zum Berge Gottes Choreb.
Dort kam er in die Höhle, dort wollte er nächtigen.
Da, SEINE Rede an ihn,
er sprach zu ihm:
Was willst du hier, Elijahu?
Er sprach:
Eifrig geeifert habe ich für DICH, den Umscharten
Gott, –
verlassen ja haben die Söhne Jísraels deinen Bund,
deine Schlachtstätten haben sie zerscherbt,
deine Künder mit dem Schwert umgebracht,
ich allein bin übrig,
so trachten sie mir nach der Seele, sie hin-
wegzunehmen.
Er sprach:
Heraus,
steh hin auf den Berg vor MEIN Antlitz!
Da
vorüberfahrend ER:

ein Sturmbraus, groß und heftig,
Berge spellend, Felsen malmend,
her vor SEINEM Antlitz:
ER im Sturme nicht –
und nach dem Sturm ein Beben:
ER im Beben nicht –
Und nach dem Beben ein Feuer:
ER im Feuer nicht –,
aber nach dem Feuer
eine Stimme verschwebenden Schweigens.
Es geschah, als Elijahu hörte:
Er verhüllte sein Antlitz mit seinem Mantel,
er trat hinaus, stand am Einlass der Höhle.
Da, eine Stimme an ihn,
es sprach:
Was willst du hier, Elijahu?
Er sprach:
Eifrig geeifert habe ich für DICH, den Umscharten
Gott, –
Verlassen ja haben die Söhne Jísrael deinen Bund,
deine Schlachtstätten haben sie zerscherbt,
deine Künder mit dem Schwert umgebracht,
ich allein bin übrig
so trachten sie mir nach der Seele, sie hinwegzunehmen.
ER sprach zu ihm:
Geh, kehr um auf deinen Weg,
bis nach der damaskischen Wüste,

kommst du hin, salbe Chasael zum König über Aram,
und Jehu Enkelsohn Nimschis aber sollst du salben
zum König über Jísrael,
und Elischa Sohn Schafats aus Abel Mechola sollst
du salben zum Künder statt deiner!
Geschehn wird's,
was dem Schwert Chasaels entrinnt, tötet Jehu,
und was dem Schwert Jehus entrinnt, tötet Elischa,
siebentausend in Jísrael lasse ich als Rest,
alle Kniee, die sich vor dem Baal nicht bogen,
allen Mund, der ihn nicht küsste.

*I Könige / 1. Buch der Könige 19,1-18*[75]

## *An IHM sich entscheiden*

### Verfehlung gegen Gottes Willen

Ein Volk wollte er haben, seinen „Erstgeborenen" als den ihm geweihten „Anfangsteil" seiner Menschenvolk-Ernte; das ist erst bei Jeremia (2,3) ausdrücklich geäußert, aber es kündigt sich schon bei Amos (6,1, vgl. V. 6) an, wo mit bittrer Ironie darauf hingedeutet wird, dass die als Anbeginn Gemeinten sich in Jerusalem wie in Samaria sorglos und sich mit dieser Würde brüsten und auf sie verlassen. Das Volk, das er als Anfangsteil haben wollte, hat aus dieser seiner heiligen Bestimmung nichts anderes abzuleiten gewusst als den Anspruch auf Geschichtsversorgung, für den es durch einen wohlausgestatteten Kult mit gehäuften Opfern und kunstreichem Saitenspiel (5,22f.) einen hinreichenden Preis zu zahlen vermeint; sein Leben, sein ganzes Gemeinschaftsleben hat es der Führung seines Gottes entzogen. Statt des brüderlichen Zusammenlebens eines Gottesvolks, wie es im Auftrag geboten war, hat sich eine eigensüchtige, um nichts als um die eigene Sucht wissende Schar faul und grausam über alles hingewälzt; wenn der Arme, den sie wegen eines unbezahlten Paars Sandalen versklaven (2,6, vgl. 8,6), schon im Staub liegt, treten sie noch nach seinem staubbedeckten Haupt (2,7a). Durch diese Zersetzung des Volkskörpers wird mit Notwendigkeit der Dienst der Gottheit zersetzt; nicht weniger als durch den schamlosen Umgang von Vater und Sohn mit der geweihten Dirne (V. 7b) wird der heilige Gottesname entweiht, wenn man sich auf gepfändeten Gewandtüchern vorm Altar niederlässt oder von dem beim Schuldner beschlagnahmten Wein eine Libation darbringt und dann selber davon säuft – im Tempel, der, durch solches Unwesen geschändet, nun nicht mehr JHWHS Haus, sondern nur noch das „ihres Gottes" heißen darf (V. 8): denn kann der Gott dieses entheiligten Heiligtums noch er, JHWH, sein?

*Der Glaube der Propheten*[76]

Höret dies,
die den Dürftigen ihr tretet,
drauf aus seid, ein Ende zu machen den Gebeugten
im Land,
sprechend:
Wann ist die Mondneuung vorüber,
dass wir wieder Marktkorn vermarkten,
die Wochenendfeier,
dass wir wieder Getreide eröffnen
– den Scheffel zu verkleinern,
das Geldgewicht zu vergrößern,
die Waage des Trugs zu krümmen!
Um den Silberling Arme zu kaufen,
den Dürftigen um eines Paars Schuhe willen! –
und den Abfall des Getreides mit vermarkten!
Geschworen hat ER beim Stolz Jaakobs:
„Vergesse in die Dauer ich je all ihr Tun, ...!“
Muss darüber nicht das Erdland erbeben,
dass alljeder trauert, der in ihm siedelt,
dass es steigt überall wie der Nilfluss,
wie der Fluss Ägyptens aufgewühlt wird und
sinkt?!

Geschehn wird's an jenem Tag,
Erlauten ists von meinem Herrn, IHM,
ich lasse die Sonne eingehen im Hochglanz,
verfinstre das Erdland am lichten Tag,
ich verwandle eure Festreihn in Trauer,
all euer Singen in Klagelied,

ich bringe Sackleinen auf alle Hüften
und auf alljedes Haupt eine Glatze, –
wie die Trauer um den Einzigen mache ichs,
die Späte dann wie den Bitternistag.

Wohlan, Tage kommen,
Erlauten ists von meinem Herrn, IHM,
da sende ich einen Hunger ins Land,
nicht einen Hunger nach Brot,
und nicht einen Durst nach Wasser,
sondern, MEINE Reden zu hören.
Dann wanken vom Meer sie bis ans Meer
und vom Norden bis an den Osten,
sie streifen um, MEINE Rede zu suchen,
aber sie finden sie nicht.

An jenem Tag
verschmachten die schönen Mädchen
und die Jünglinge vorm Durst
– sie, die bei Samarias Schuldgebild schwuren
und sprachen: „Sowahr dein Gott lebt, Dan!"
und: „Sowahr der Weg lebt nach Berscheba!" –,
fallen und stehn nicht mehr auf.

*Amos 8,4-14*[77]

### Entscheidung über das Geschick

Der echte Prophet tut kein unabänderliches Verhängnis kund; er redet in die Entscheidungsmächtigkeit des Augenblicks hinein, und zwar so, dass gerade seine Unheilsbotschaft an diese Entscheidungsmächtigkeit rührt. Das unformulierte Urtheologumenon der Paradiesgeschichte über das göttlich-menschliche Verhältnis, dass nämlich der erschaffene Mensch im Einhauch seines Schöpfers mit wirklicher Entscheidungsfähigkeit ausgestattet worden ist, so dass er dem gebietenden Willen JHWHS wirksam zu widerstreben vermag, dieser geheimnisvolle Glaubenssatz erhebt sich nun zu einer unheimlich praktischen Gewalt. Was wir in unserer Darstellung vom Deboralied zurück zu Abraham und von ihm an wieder voran bis zu Elia verfolgt haben, die göttliche Forderung der menschlichen Entscheidung, das zeigt sich uns hier auf der Höhe des Ernstmachens. Der Mensch kann sich in einem gegebenen Augenblick, in jedem gegebenen Augenblick wirklich entscheiden und nimmt damit in einer nach Art und Maß unvorstellbaren Möglichkeitssphäre an der Entscheidung über das Geschick des nächsten Augenblicks teil. An dieses entscheidungsmächtige Sichentscheiden des Menschen appelliert die prophetische Unheilsansage. Die Alternative, die hinter ihr steht, ist in sie nicht aufgenommen; nur so kann das Wort an das Innerste der Seele rühren, kann vielleicht zum Äußersten der Tat aufrühren: zur Umkehr.

*Der Glaube der Propheten*[78]

Du aber stimm an, sprich vor SEINEM deines
Gottes Antlitz:
Abgeschweifter Aramäer mein Ahnvater,
er zog nach Ägypten hinab,
er gastete dort, wenige Leute,
er wurde dort zu einem Stamm, groß, markig und
zahlreich,
Übel taten uns die Ägypter, sie bedrückten uns,
harten Dienst gaben sie uns auf,
wir schrien zu IHM, dem Gott unsrer Väter,
ER hörte unsre Stimme,
er sah unsre Bedrückung, unsre Mühsal, unsre
Qual an,
ER führte uns aus Ägypten
mit starker Hand, mit gestrecktem Arm,
mit großer Furchtbarkeit, mit Zeichen und mit
Erweisen,
und ließ uns kommen an diesen Ort,
gab uns dieses Land,
Land, Milch und Honig träufend.
Und nun,
da lasse ich den Anfang der Frucht des Bodens dir
zukommen,
die mir gegeben hast DU.
Lasse sie vor SEINEM deines Gottes Antlitz ruhn,
wirf dich nieder vor SEIN deines Gottes Antlitz,
freue dich an all dem Guten, das ER dein Gott dir
und deinem Hause gab,

du, und der Lewit, und der Gastsasse, der in
deinem Innern ist.

*Reden/Deuteronomium 26,5-10*[79]

## Künder für das Volk

Es ist immer wieder darauf hinzuweisen, dass der Glaube Israels nur dann in seiner Wirklichkeit begriffen werden kann, wenn man sich die doppelte Gotteserfahrung dieses Volkes in aller Konkretheit vergegenwärtigt. Die eine Erfahrung, die es als Volk macht, ist die der Wandernden; unser Gott geht uns voran, wir gehen ihm nach, der Weg ist sein Weg, es ist an uns, ihm auf seinen Wegen zu folgen. Es ist ein herausholender, führender, wegweisender Gott, dessen Schritt zwischen dem einen rechten und den unzähligen falschen Wegen scheidet; und dies bleibt er – dadurch von allen wanderschaftanführenden westsemitischen Stammesgöttern entscheidend abgehoben – bis in alle Höhen des religiösen Ethos hin, die im westsemitischen Bereich eben nur hier kundbar geworden sind. Die zweite, von dieser freilich unablösbare Erfahrung macht das Volk *in seinen Einzelnen*, in den „Kündern": den Künder, den Nabi, redet sein Gott an und redet durch ihn das Volk an. Er spricht durch ihn je und je seine „Weisung" (thora), seine Wegweisung aus, die ja der jeweiligen Interpreta-

tion durch den Menschenmund bedarf. Er holt den von ihm Berufenen aus der natürlichen Ruf-Taubheit des Menschen hervor, immer neu „weckt er ihm das Ohr“ (Jesaja 50,4), dass er als treuer „Lehrling“ das zu Vernehmende vernehme. Mitten aus dem brennenden Dornbusch des geschichtlichen Geschehens redet die Stimme zu ihm; er hat sie zu dolmetschen, hat es zu deuten, je und je als Stationen des Wegs, an denen das Volk diesen betreten oder erneut verfehlen kann ...
Er, der Künder, spricht das Wort immer wieder zu diesen bestimmten Menschen da vor ihm, in denen sich Israel darstellt; und wenn er es dann etwa niederschreibt (vielfach tun es andere und oft wohl erst am Ende einer langen mündlichen Überlieferung, um das ursprüngliche Wort vor den immer mehr drohenden Entstellungen zu bewahren), geschieht das wieder für bestimmte Menschen – immer in einer bestimmten, historisch gegebenen und als solche deutbaren Situation. Was er von der Zukunft zu sagen hat, ist an diese Situation alternativisch gebunden ... In der Zeitdimension, die das Wort ihm auftut, gibt es keine festgelegte und als solche vorhersagbare Zukunft: in seiner Rede steht er immer in dem Punkte der Zeit, wo sich das Schicksal entscheidet, an welcher Entscheidung die Menschen da vor ihm durch ihre Entscheidung teilhaben. Mit seinem Sprechen des Wortes stellt

er sie vor die Entscheidung zwischen dem Weg und den Wegen.

*Der Glaube des Propheten*[80]

Im Todesjahr des Königs Usijahu
sah ich meinen Herrn sitzen auf hohem und ragendem Stuhl,
seine Säume füllten den Hallenraum.
Brandwesen umstanden oben ihn,
sechs Schwingen hatten sie, sechs Schwingen ein jeder,
mit zweien hüllt er sein Antlitz,
mit zweien hüllt er seine Beine,
mit zweien fliegt er.
Und der rief dem zu und sprach:
Heilig heilig heilig
ER der Umscharte,
Füllung alles Erdreichs
sein Ehrenschein!
Die Lager der Schwellen erbebten von der Stimme des Rufers,
und das Haus füllte sich mit Qualm.
Ich sprach:
Weh mir, denn ich werde geschweigt,
denn ich bin ein Mann maklig an Lippen
und bin sesshaft inmitten eines Volkes maklig an Lippen, –
denn den König, IHN den Umscharten, haben meine Augen gesehn!

Aber von den Brandwesen flog eines zu mir,
eine Glühkohle in seiner Hand,
mit der Greifzange hatte es sie oben von der Statt
gegriffen,
er berührte damit meinen Mund,
er sprach:
Da,
dies hat deine Lippen berührt,
so weicht dein Fehl,
so wird deine Sünde bedeckt.
Nun hörte ich die Stimme meines Herrn,
sprechend:
Wen soll ich senden,
wer wird für uns gehen?
Ich sprach:
Da bin ich,
sende mich!

*Jeschajahu/Jesaja 6,1-8*[81]

Vertraut ihr nicht, bleibt ihr nicht betreut.

*Jeschajahu/Jesaja 7,9b*[82]

Gegeben hat ER, mein Herr,
mir eine Lehrlingszunge.
Dass ich wisse,
den Matten zu ermuntern,
weckt er Rede am Morgen.
Am Morgen weckt er das Ohr mir,

dass ich wie die Lehrlinge höre.

Geöffnet hat ER, mein Herr,
mir das Ohr.
Ich aber, ich habe nicht widerstrebt,
ich bin nicht nach hinten gewichen,
den Schlagenden gab ich hin meinen Rücken,
den Raufenden meine Wangen beide,
mein Antlitz habe ich nicht verborgen
vor Schimpf und Bespeiung.

Mir hilft ER, mein Herr,
darum wurde ich nicht zum Schimpf,
darum konnte ich mein Antlitz kieselgleich
machen,
ich wusste, dass ich nicht enttäuscht werde:
nah ist, der mich bewährtspricht!
Wer will mit mir streiten?
Treten miteinander wir vor!
Wer ist mein Rechtsgegner?
Er stelle sich mir!

Da, mir hilft ER, mein Herr, –
Wer ists,
der mich bezichtigen mag?
Da, allsamt
zerfasern sie einem Gewand gleich,
die Motte frisst sie auf.

*Jeschajahu/Jesaja 50,4-9*[83]

## *ER ist dein Leben*

Denn dieses Gebot, das ich heuttags dir gebiete,
nicht entrückt ist es dir, nicht fern ists.
Nicht im Himmel ist es, dass du sprächest:
Wer steigt für uns zum Himmel und holts uns
und gibts uns zu hören, dass wirs tun?
Nicht überm Meer ist es, dass du sprächest:
Wer fährt uns übers Meer hinüber und holts uns
und gibts uns zu hören, dass wirs tun?
Nein, sehr nah ist dir das Wort,
in deinem Mund und in deinem Herzen,
es zu tun.

Sieh,
gegeben habe ich heuttags vor dich hin
das Leben und das Gute,
den Tod und das Böse,
da ich heuttags dir gebiete,
IHN deinen Gott zu lieben,
in seinen Wegen zu gehen,
seine Gebote, seine Satzungen, seine Rechts-
geheiße zu wahren:
leben wirst du,
wirst dich mehren,
ER dein Gott segnet dich in dem Land, wohin du
kommst es zu ererben.
Wendet sich aber dein Herz,
hörst du nicht,

lässest dich absprengen,
neigst dich andern Göttern,
dienst ihnen, –
ich melde euch heuttags,
dass ihr dann schwinden, schwinden müsst,
nicht werdet ihr Tage länger auf dem Boden,
dahin zu kommen du den Jordan überschreitest,
    ihn zu ererben.
Zu Zeugen habe ich heuttags gegen euch den Himmel und die Erde genommen,
das Leben und den Tod habe ich vor dich hin gegeben, die Segnung und die Verwünschung,
wähle das Leben,
damit du lebst, du und dein Same:
IHN deinen Gott zu lieben,
auf seine Stimme zu hören,
an ihm zu haften,
denn das ist dein Leben und Länge deiner Tage
beim Siedeln auf dem Boden, den ER deinen Vätern, Abraham, Jizchak, Jaakob, zuschwor ihnen zu geben.

*Reden/Deuteronomium 30,11-20*[84]

## Gleichsam als Nachwort

*Ich weiß, wer vor mir sitzt: ein Mann, der einen langen Weg gegangen ist und noch auf dem Wege ist. Ich sehe vor mir einen Wissenden und einen Weisen, auf den Goethes Wort über die großen persischen Klassiker zutrifft: Dreißig Jahre Lernen und Lehren, dreißig Jahre Reisen und dreißig Jahre Meditation. Goethe nennt sie Männer, die einen breiten Weltvorrat besitzen. Aber in Martin Buber habe ich mehr vor mir als einen Mann mit breitem Weltvorrat, mehr, meine ich, als einen Gedankenschöpfer und Wirklichkeitserschließer, der mir erst von zu Wenigen gekannt und gehört scheint; mehr, als den ebenfalls erst von zu Wenigen erkannten, wenn auch gelegentlich nachgeahmten oder gar heimlich bestohlenen Übersetzer der hebräischen Bibel; mehr als einen der großen Altmänner und Meister weiß ich in diesem Manne gegenwärtig.*
*Ich sehe in ihm den lebendigen Zeugen eines gottes- und menschheitsgeschichtlichen Geschickes.*

Fridolin Stier[85]

# *Anmerkungen*

1 Theodor Herzl, jüdischer Schriftsteller, geboren in Budapest 1860, gestorben in Edlach (Niederösterreich) 1904. Trat für die Gründung eines jüdischen Staates ein ("Der Judenstaat“ 1896) und gab dadurch den Anstoß zur Entstehung des „Zionismus“.

2 Eugen Biser, Martin Buber zum Gedächtnis. Börsenblatt für den Deutschen Buchhandel, Frankfurt, Ausgabe Nr. 87 vom 2. November 1965.

3 Buber ist mit seiner Lebensgefährtin Paula Winkler (1877-1958) im Sommersemester an der Universität Zürich zusammengetroffen. Unter dem Pseudonym Georg Munk verfasste Paula Buber-Winkler Romane und Erzählungen. Manche sprachliche Fassung der Chassidischen Geschichten stammt aus Paulas Feder (vgl. Briefwechsel I, 39; siehe Anmerkung 4).

4 Martin Buber, Briefwechsel aus sieben Jahrzehnten, hrsg. von Grete Schaeder, Verlag Lambert Schneider, Heidelberg, Gütersloher Verlagshaus, 1972-1975.

5 Der Text stammt aus einem Beitrag Paula Winklers in der „Welt“ (1901) mit dem Titel „Betrachtungen einer Philozionistin", die Begegnung mit Buber fand 1899 statt. Zitat aus: Briefwechsel I, S. 36 (Vorwort von Grete Schaeder).

6 Grete Schaeder zitiert dieses „Für dich“ überschriebene Schriftstück aus dem Jahre 1902 in ihrer Einleitung zu: Briefwechsel I, S. 36.

7 Briefwechsel I, S. 153-154.

8 Im Kontext beschreibt Buber zwar die eindrucksvolle Gestalt seines Gegenübers, aber er gibt keine Auskunft, um wen es sich handelt.

9 Bei dem in Frage stehenden Text handelt es sich um 1 Samuel 15.

10 Schriften zum Chassidismus, S. 7 (Vorwort). Es handelt sich um den Schluss des Geleitworts zum Buch „Das verborgene Licht", das später in den „Erzählungen der Chassidim“ aufgegangen ist.

11 Fridolin Stier, Martin Buber. In: Tendenzen der Theologie im 20. Jahrhundert. Eine Geschichte in Portraits. Hrsg. Hans Jürgen Schultz. Kreuz Verlag/Walter Verlag. Stuttgart; Olten. 1966. S. 163-168.
12 Werke III Schriften zum Chassidismus, S. 967-968.
13 Werke III Schriften zum Chassidismus, S. 978.
14 Durch die Publikationen Martin Bubers wurde eine breite Öffentlichkeit mit den Schriften chassidischer Überlieferung bekannt gemacht. Vor allem die "Erzählungen der Chassidim", bekannt als "Chassidische Geschichten" (vgl. Werke III), bewegen viele Leser. Jüdische und christliche Fachleute, Erforscher der Geschichte des Judentums, hatten und haben gegen die Publikationen Bubers harte Kritik vorzubringen. Dagegen ist zu bedenken, dass es Buber selbst nie um eine historisch-kritische Edition der chassidischen Überlieferung ging. Seine Texte lassen sich (wie auch die Übersetzung der Bibel und seine biblischen Kommentare) nicht mit dem Maß einer der Methoden wissenschafltlicher Exegese messen. Ihre Autorität gründet in der Wahrhaftigkeit des Sprechenden und im Betroffensein, das sie im Hörenden bewirken.
15 Werke III Schriften zum Chassidismus, S. 984.
16 Werke III Schriften zum Chassidismus, S. 972-973.
17 Baal-Schem-Tow, S. 18-19, 22, 23, 26, 36 f. Die Aussage im Text, man solle in seiner Seele "die Namen Gottes einen" bezieht sich auf die Vorstellung, dass die verschiedenen Namen Gottes je verschiedene Eigenschaften Gottes zum Ausdruck bringen. Einen einzelnen Namen isolieren bedeutet also eine "Einschränkung" Gottes (so Buber in Werke III a.a.O.).
18 Baal-Schem-Tow, S. 50.
19 Baal-Schem-Tow, S. 60.
20 Baal-Schem-Tow, S. 90 und 92.
21 Martin Buber: Die Erzählungen des Chassidim, © Manesse Verlag, Zürich 1949, 13. Auflage 1993, S.71.
22 Die Erzählungen des Chassidim. Gegen die Kasteiung, S. 132.
23 Die Erzählungen des Chassidim. Bei den Sündern, S. 158.
24 Die Erzählungen des Chassidim. Das volle Bethaus, S. 160 f.

25 Die Erzählungen des Chassidim. Vor dir selber, S. 182.
26 Die Erzählungen des Chassidim. Das große Werk, S. 186.
27 Die Erzählungen des Chassidim. Das Versteckspiel, S. 191.
28 Die Erzählungen des Chassidim. Gottes Vaterschaft, S. 200.
29 Die Erzählungen des Chassidim. Am Teich, S. 210 f.
30 Die Erzählungen des Chassidim. Das Eine, S. 228.
31 Die Erzählungen des Chassidim. Mehr lieben, S. 233 f.
32 Die Erzählungen des Chassidim. Das härene Hemd, S. 263.
33 Die Erzählungen des Chassidim. Das Erlernte, S. 331 f.
34 Die Erzählungen des Chassidim. Das Tauschgeschäft, S. 339
35 Die Erzählungen des Chassidim. Der heisere Vorbeter, S. 345 f.
36 Die Erzählungen des Chassidim. Der törichte Beter, S. 346 f.
37 Die Erzählungen des Chassidim. Neidisch, S. 351 f.
38 Die Erzählungen des Chassidim. Der Eilige, S. 361.
39 Die Erzählungen des Chassidim. Auf dem Markt, S. 365.
40 Die Erzählungen des Chassidim. Das Lied "Du", S. 342.
41 Eugen Biser, Martin Buber. In: Hochland 55 (1963), S. 217.
42 Ich und Du, S. 15-18.
43 Schwarze Pfote in weißem Bart (unveröffentlicht).
44 Ich und Du, S. 115 f.
45 Ich und Du, S. 95-97.
46 Eugen Biser hat auf die besonderen Umstände hingewiesen, unter denen das Buch entstanden ist: „Es ist ebenso denkwürdig wie bedeutsam für das Verständnis, dass die Niederschrift dieser Auseinandersetzung, die 1950 unter dem Titel Zwei Glaubensweisen publiziert wurde, von einer Stunde schwerster Bedrängnis datiert. – Also im Chaos der Vernichtung geschrieben – dem Schreckensbild des Sommers 70 (als Jerusalem durch die Römer erobert und zerstört wurde) angenähertes Jerusalem als Entstehungsort von Bubers jüdisch-christlichen Dialog! Ein Dialog, der in Sprache und Argumentation, zumal aber in seiner unerbittlichen Grundstimmung die Härte der damaligen Zustände spiegelt; ein Dialog auch, der noch vor allen theologischen Rücksichten schon durch die Umstände seiner Entstehung und die Größe seines Anspruchs aufgenommen zu werden verdient.“ (Eugen Biser, Martin Buber. In: Hochland 55 (1963) 217-234).

47 Schriften zur Philosophie, S. 657-658.
48 Werke II Schriften zur Bibel, S. 7 (Vorwort).
49 Die fünf Bücher der Weisung, S. 494-495. Martin Buber bezeichnet die biblischen Bücher entsprechend der jüdischen Überlieferung. Um das Auffinden zu erleichtern, sind die in der christlichen Überlieferung üblichen Bezeichnungen zugefügt: Reden/Deuteronomium.
50 Fridolin Stier, Die Sprache der Botschaft. Vortrag im Süddeutschen Rundfunk am 10. Februar 1963 zu Martin Bubers 85. Geburtstag am 8. Februar.
51 Die fünf Bücher der Weisung, S. 9-10.
52 Bei der ersten Ausgabe der Buber-Rosenzweig-Übersetzung war offenkundig, dass das sog. Alte Testament kein Buch, sondern eine ganze Bibliothek ist; die Bücher erschienen als je getrennte Bändchen.
53 Rundfunkvortrag, vgl. Anmerkung 50.
54 Die fünf Bücher der Weisung, S. 203.
55 Rundfunkvortrag, vgl. Anmerkung 50.
56 Die fünf Bücher der Weisung, S. 205-206.
57 Rundfunkvortrag, vgl. Anmerkung 50.
58 Bücher der Geschichte, S. 104.
59 Rundfunkvortrag, vgl. Anmerkung 50.
60 Die fünf Bücher der Weisung, S. 157-159.
61 Werke II Schriften zur Bibel, S. 1181-1182. Schluss der Rede, die Buber 1962 nach Beendigung der Bibelübersetzung gehalten hat. – Rosenzweig spielt auf den christlichen Gnostiker Marcion an (144 aus der Kirche ausgeschlossen), der das Alte Testament ablehnte.
62 Die Schriftwerke, S. 521-522.
63 Bücher der Geschichte, S. 71.
64 Die fünf Bücher der Weisung, S. 13.
65 Der Glaube der Propheten, S. 122 f.
66 Martin Buber. Zu einer neuen Verdeutschung der Schrift. Beilage zum ersten Band Die fünf Bücher der Weisung. Verdeutscht von Martin Buber gemeinsam mit Franz Rosenzweig. S. 4-5.
67 Bücher der Geschichte, S. 276-277.
68 Die Schriftwerke, S. 80-81.

69 Der Glaube der Propheten, S. 61.
70 Die fünf Bücher der Weisung, S. 36.
71 Die Schriftwerke, S. 35.
72 Die Schriftwerke, S. 197-198.
73 Die Schriftwerke, S. 37-38.
74 Der Glaube der Propheten, S. 108 f.
75 Bücher der Geschichte, S. 405-407.
76 Der Glaube der Propheten, S. 134.
77 Bücher der Kündung, S. 649-650.
78 Der Glaube der Propheten, S. 139.
79 Die fünf Bücher der Weisung, S. 540-541.
80 Der Glaube der Propheten, S. 11 f.
81 Bücher der Kündung, S. 25.
82 Bücher der Kündung, S. 28.
83 Bücher der Kündung, S. 160.
84 Die fünf Bücher der Weisung, S. 555-556.
85 Fridolin Stier, Vortrag in der Akademie Bad Boll am 16. April 1960.



Wir danken allen Inhabern von Textrechten für die Abdruckerlaubnis. Der Verlag hat sich bemüht, alle Inhaber von Rechten in Erfahrung zu bringen. Für zusätzliche Hinweise sind wir dankbar.